AF523960

BIRON • DER HERR UDO

Inhalt

GEORG BIRON

Der Herr Udo

Das wilde Leben des Udo Proksch

Ein Porträt

Wieser *Verlag*

Wieser Verlag GmbH

KLAGENFURT/CELOVEC · WIEN · LJUBLJANA · BERLIN

A-9020 Klagenfurt/Celovec, 8.-Mai-Straße 12
Tel. + 43(0)463 370 36, Fax. + 43(0)463 376 35
office@wieser-verlag.com
www.wieser-verlag.com

Lektorat: Josef G. Pichler
ISBN 978-3-99029-465-9

»Was hat der Mensch davon, wenn er nicht erwähnt wird? Dann ist er ja gar nicht existent. Es gibt Leute, die wollen nicht in der Zeitung stehen, weil sie etwas verbergen, aber an und für sich ist das für mich so, als wenn ich Jesus wär, und ich tät nicht in der Bibel stehen.«

»Ich bekenne mich zur freien Marktwirtschaft, das heißt, wenn ich einen bescheißen kann, werd ich ihn bescheißen.«

»Ich möchte dieses Land eigentlich nur noch als Besatzungssoldat betreten. Und ich garantiere, dass dieses Land besetzt wird, denn Österreich ist ja nicht fähig, sich selbst zu regieren.«

UDO PROKSCH

Inhalt

Prolog

Udo Proksch. Ein wilder Hund. Ein kreativer Kopf. Ein faszinierender Kerl. Sein Hirn: immer in Bewegung. Fabriziert Tausende Ideen. Viele macht er zu Geld. Seine Feinde nennen ihn »ein kriminelles Gesamtkunstwerk«. Ich habe ihn im legendären *Club Gutruf* in der Milchgasse kennengelernt. Schuhe mit dicken Sohlen, graue Stoffhose, rotes *Lacoste*-Leiberl. Er verströmt starken Patschuli-Duft und trägt eine Pistole am Gürtel. Sein kariertes Sakko hängt hinter ihm am Haken. Mit Stammgästen, Helmut Qualtinger und Teddy Podgorski, sitzt er an einem Tisch. Löffelt schmatzend eine Rindsuppe. Nein! Tischmanieren hat er keine. Ihm sind andere Themen wichtig. Weil Tote, die auf Friedhöfen horizontal begraben sind, zu viel Platz brauchen, hat er den *Verein für Senkrecht-Bestattung* gegründet. Qualtinger ist von dieser Idee begeistert. Mir gefällt das auch. Und mit ihm nachts durch die Innenstadt zu ziehen und eines Tages Fallschirmspringen zu gehen. Im *Club 45* spannende Frauen zu treffen. Einmal brutzelt er im Morgengrauen Bratwürstel mit Rösti und bringt einen Zeitungsherausgeber und einen Innenminister zusammen, um in der von Umweltschützern besetzten Au von Hainburg ein Blutbad zu verhindern. Später trinken wir Champagner und reden über Politik, Liebe und Anarchie. Und über den Untergang der *Lucona*. Hat er oder hat er nicht? Das Schiff versenkt. Er sagt: »Nein!« Als er nach Manila flüchtet, reise ich ihm nach. Als er zwei Jahre später in Wien im Gefängnis sitzt, besuche ich ihn. Als er schließlich stirbt, zünde ich eine Kerze an. Seine Freunde kann man sich nicht aussuchen.

Auch deshalb habe ich dieses *found footage book* geschrieben, das an eine Collage in der bildenden Kunst erinnert und ein radikales Puzzle aus persönlichen Erinnerungen und Notizen ist. Und ich freue mich, einen mutigen Verleger zu haben, der dieses Buch rausbringt. Denn auch nach so vielen Jahren sorgt der Name Udo Proksch immer noch für heftige Reaktionen. Und vielen wäre vermutlich auch noch 20 Jahre nach seinem Tod der sprichwörtliche »Mantel des Schweigens« lieber ...

Szenen für das Kopfkino

// Also dann: Gehen wir's an ... Stellen Sie sich vor, wir realisieren einen Kinofilm miteinander. Das Drehbuch habe ich geschrieben. Sie nehmen es in die Hand und führen Regie. Sie bestimmen, wo die Kamera und die Scheinwerfer stehen. Das gesamte Produktionsteam hört auf Ihr Kommando. Alle Schauspielerinnen und Schauspieler warten geschminkt und in passenden Kostümen auf Ihre Anweisungen für die Szenen, die jetzt auf dem Drehplan stehen. Sie machen Ihren Film und packen meine Story in lebendige phantasievolle Bilder ... für das Kopfkino.
// Und: »Action!« //

Was jetzt folgt, ist eine wahre Geschichte.

Am 23. Jänner 1977 gegen 14.00 Uhr sinkt der Frachter *Lucona* nördlich der Malediven im Indischen Ozean. Strahlend schönes Wetter und 35 Grad Lufttemperatur. Es gibt einen heftigen Ruck, »so als würde das Schiff gegen eine Wand fahren«, wie der Steuermann später erzählt. Es ist ein lautes Krachen und ein scharrendes Geräusch zu hören – »wie von einem Bagger«, sagt der Kapitän. Innerhalb weniger Minuten sinkt der Frachter über den Bug und zieht sechs Menschen mit sich in die Tiefe des Meeres – »ins feuchte Grab«, wie man auf dem Boulevard so gerne sagt:

Caspar Borbely (1. Ingenieur), Beatrix van der Hoeven (die Verlobte von Borbely) sowie die Matrosen Andrew Davis, Vito Marcos Fortes, Carlos Medina und Silvester Roberts ertrinken beim Schiffsuntergang.

Die sechs Überlebenden werden in der Nacht des 24. Jänner nach zehn ungewissen Stunden von der Crew des türkischen Tankers *Sapen 1* auf hoher See in einem winzigen Dingi entdeckt und geborgen: Jakob Puister (Kapitän), Adriane van der Leer (Puisters Frau), Jakobus van Beckum (Steuermann), Gomes de Brito, Jesus de Correira und Jorge da Cruz haben offenbar Glück gehabt.

Zunächst wird als Grund für den Untergang die zufällige Kollision mit einem unter Wasser treibenden Schiffswrack oder einer verlorenen Treibmine angenommen. In einem Schriftsatz an die deutschen Untersuchungsbehörden ist Jahre später zu lesen, dass »die Zeugenaussagen, jedenfalls soweit sie bis 1985 gemacht wurden, in keiner Weise geeignet waren, den Eindruck einer Sprengung an Bord hervorzurufen. Es fällt auf, dass die Zeugen erst 1986 begonnen haben, Erklärungen und Berichte zu produzieren«, die ihre früheren Aussagen in Richtung einer Explosion deuten.

Wie auch immer. Die Details kümmern heute sowieso niemanden mehr. Der *Fall Lucona* ist schon lange abgeschlossen, die Gerichte haben vor drei Jahrzehnten ihre Urteile gefällt, und ich werde nicht wieder damit anfangen. Aber eines muss klar sein: Ich kann so ein Buch über Udo Proksch nicht schreiben, ohne vom Untergang der *Lucona* zu erzählen.

Fest steht jedenfalls eines: Die abgesoffene *Lucona* ist nach wie vor das berühmteste Schiff der österreichischen Alpenrepublik: 75,35 Meter lang und 11,40 Meter breit. Sie läuft am 15. Oktober 1966 in der Büsumer Werft an der deutschen Nordsee vom Stapel und heißt zunächst *Steinberg*, wird später umbenannt auf *Niolon* und *Lucona*, dann auf *Atlantic Progress* und 1976 schließlich wieder auf *Lucona*.

Am 4. Jänner 1977 wird der Massengutfrachter in Chioggia bei Venedig mit 28 Containern und Lattenkisten beladen. Laut Zoll handelt es sich um eine Uranerzaufbereitungsanlage. Gesamtgewicht: 700 Tonnen. Die Ladung ist bei der *Bundesländer*-Versicherung in Wien für 212 Millionen Schilling (nach heutiger Kaufkraft sind das etwa 48 Millionen Euro) versichert.

Zwei Männer aus Wien, Udo Proksch, 43 Jahre alt, und sein Kompagnon Hans-Peter Daimler, 42 Jahre alt, sind vor Ort und beobachten frierend das Geschehen. Die beiden arbeiten bereits seit vielen Jahren bei den verschiedensten Projekten zusammen. Proksch gibt den Ton an, Daimler assistiert. Nun wickeln sie dieses Chartergeschäft gemeinsam ab.

Kurz vor dem Auslaufen am 6. Jänner um 8 Uhr 30 gibt es Streit. Proksch macht Simsalabim und möchte plötzlich, dass ein erfahrener italienischer Kapitän, Giorgio Casagrande, auf Prokschs Kosten zusätzlich zur Crew als Frachtbegleiter an Bord geht, um den Transport der wertvollen Ware bis Hongkong zu überwachen, doch Kapitän Puister weigert sich, den Fremden mitzunehmen, und so läuft das Schiff schließlich ohne Casagrande aus – aber nicht ohne ein Geschenk für die Frau von Kapitän Puister. Proksch hat eigens für sie vom *Demel* aus Wien eine große Schokoladetorte mit Marillenmarmelade mitgebracht und wünscht freundlich »eine gute Reise!«.

Anscheinend war aber auch noch etwas anderes an Bord.

Bei einer gerichtlichen Einvernahme nach dem Schiffsuntergang gibt Kapitän Puister in Rotterdam zu Protokoll: »In Abänderung meiner Angaben erkläre ich, dass ich möglicherweise einige Stücke mit weiterer Bestimmung an Bord bekommen habe – im Hinblick auf eine allfällige Weiterfahrt nach den Vereinigten Staaten.« Offenbar hat sich aber in der Folge niemand ernsthaft für die fraglichen Frachtstücke, die nirgends verzeichnet sind, oder auch deren Absender interessiert, denn diese neue Aussage bleibt ohne weitere Konsequenzen, und die Schokoladetorte hat Puister sicher nicht gemeint.

Überraschend ist in diesem Zusammenhang das Statement von Eric Ellen, dem Direktor des *International Maritime Bureau IMB*, das auf Kriminalitätsbekämpfung auf hoher See spezialisiert ist und seinen Sitz in London hat: »Wir haben hier eine beachtliche Menge an Material zusammengetragen, das wir den österreichischen Behörden zur Verfügung stellen würden.« Doch zu einer Zusammenarbeit zwischen dem *IMB* und der Staatsanwaltschaft ist es »wegen Verständigungs- und Sprachproblemen« nie gekommen. In einem Interview mit der österreichischen Tageszeitung *Die Presse* vom 12. September 1989 erklärt Ellen, dass es deutliche Spuren von der *Lucona* zur internationalen Drogenszene in Miami gibt. Seine Informationen darüber stammen aus Israel und Nordamerika: »Je mehr man den *Fall Lucona* untersucht, umso mehr Leute findet man an der Peripherie, die auch an anderen ›Projekten‹ beteiligt sind.«

Aber in diesem Buch geht es nicht um den größten politischen Kriminalfall des Landes, sondern um meine persönlichen Erinnerungen an die turbulenten Jahre zwischen 1982 und 1992, in denen ich sehr viel Zeit mit Udo Proksch und seinen Trabanten verbringe – zuerst als investigativer Journalist, der herausfinden will, was nicht in den Zeitungen steht, später dann als faszinierter Freund, der zunächst von Udos Unschuld in dieser Causa überzeugt ist und sich am Ende komplett beschissen fühlt wie der amerikanische Abenteuerschriftsteller Holly Martins im berühmten Film *Der dritte Mann*. Holly will nicht glauben, dass sein alter *Haberer* Harry Lime aus reiner Habgier mörderische Geschäfte im zerbombten Wien der Nachkriegszeit macht.

Auch wenn *Der dritte Mann* bei so gut wie jedem Zeitungsbericht über »Spionage in Wien« angeführt wird – der britische Spielfilm von Carol Reed aus dem Jahr 1949 (Originaltitel: *The Third Man*) hat mit Spionage rein gar nix zu tun. Wichtig für den Kassenerfolg sind bis heute die expressionistische Bildsprache, die spektakulären (Schatten-)Szenen in der Wiener Kanalisation mit Hollywood-Star Orson Welles (beziehungsweise seinem Double, dem Wiener Fleischergesellen Otto Schuster) und selbstverständlich auch die auf der Zither gespielte Filmmusik von Anton Karas, der mit seinem *Harry-Lime-Theme* 36 Jahre vor Falcos *Rock Me Amadeus* auf Platz 1 der US-amerikanischen Hitparade landet.

Irgendwann wird mir klar: Ein Satz aus dem Film könnte durchaus auch von Udo Proksch sein: »In Italien, in den 30 Jahren unter den Borgias hat es nur Krieg gegeben, Terror, Mord und Blut. Aber dafür gab es Michelangelo, Leonardo da Vinci und die Renaissance. In der Schweiz herrschte brüderliche Liebe, 500 Jahre Demokratie und Frieden. Und was haben wir davon? Die Kuckucksuhr«, sagt Orson Welles zu seinem enttäuschten Freund.

Okay: Udo hätte gewusst, dass Kuckucksuhren nicht in der Schweiz gebaut werden, sondern im deutschen Schwarzwald in Baden-Württemberg. Aber auch er hält den Krieg für den »kreativen Vater aller Dinge«, eine typisch männliche Domäne, befeuert von einem unausrottbaren Tötungstrieb.

Der Schiffsuntergang bringt den Chef der Hofzuckerbäckerei *Demel* – »Paradiesvogel des Wiener Jet-Sets«, »Enfant Terrible«, »Society-Löwe« und »Gründer des *Club 45*« – in die Schlagzeilen. Hat die *Lucona* Waffen für den Nahen Osten oder militärisches High-Tech für den Fernen Osten transportiert? Wer kennt die Antwort?

Es gibt jede Menge Spekulationen ohne Kenntnis der Fakten. Während in den Zeitungen von einem Versicherungsbetrugsversuch mit sechs Toten die Rede ist, stellt sich der österreichische Bundeskanzler Bruno Kreisky vor die Fernsehkameras und erklärt, dass Israels Geheimdienst »*Mossad* den Frachter auf dem Weg von Italien nach Hongkong versenkt hat«.

Offizieller Auftraggeber dieses Transports ist eine unbedeutende Schweizer Firma namens *Zapata AG*, die nach dem mexikanischen Revolutionär Emiliano Zapata benannt ist. Der wird im Film *Viva Zapata!* von Marlon Brando gespielt. Zum Niederknien. Meine Recherchen ergeben, dass es im Jahr 1977 in Hongkong ein Büro der US-Firma *Zapata-Oil* gibt, die zum Teil dem damaligen *CIA*-Chef und späteren US-Präsidenten George Bush senior gehört. Ist es vielleicht ein Transport von *Zapata* zu *Zapata*? Weil die Sache ist die: Gemeinsam mit dem philippinischen Diktator Ferdinand Marcos plant Bush wirtschaftliche und politische Strategien zur Stärkung Rotchinas gegen die Sowjets.

Sie sehen: Rätsel über Rätsel, die wir hier nicht klären werden. Ebenso wenig wie die spannende Frage, warum der Konstrukteur der *Lucona*, der Schiffsbauingenieur Bernhard Maier-Thurnwald aus Österreich, unter einer Autobahnbrücke in der Schweiz, zwischen Lausanne und Genf, ermordet wird.

// Wie geht es Ihnen mit der Regie? Sind Sie bisher zufrieden mit Ihrer Arbeit? Alles im grünen Bereich? Funktioniert es so, wie Sie es sich vorstellen? Vergessen Sie nicht: Dieser Film soll mit starken Bildern, stimmiger Musik und mit Liebe zu den Details inszeniert werden. Die Charaktere werden authentisch in ihrem persönlichen Umfeld gezeigt – mit all ihren Hoffnungen und Träumen. Und Ihre Aufgabe ist es, den Figuren Tiefe und Verständnis, Authentizität und Sympathie zu verleihen – was dem Publikum am Ende die nötigen Möglichkeiten zum Verständnis dieser wilden Zeit bietet. Sehr wichtig ist mir, dass auf die Färbung der Sprache Wert gelegt wird. Ein »sprachlicher Einheitsbrei« muss unbedingt vermieden werden. Die Österreicherinnen und Österreicher sollen ihren Dialekt ausleben, auch die Schweizer und die BRD-Figuren dürfen ihre Sprache nicht verstecken. Zu extrem sollte dies aber nicht ausfallen, damit die Inhalte vom Publikum ohne Untertitel verstanden werden. Okay? //

Und weiter geht's: Die 1960er, '70er und '80er Jahre sind eine wilde Zeit. Auch in Österreich. Alles scheint möglich. *Sex and Drugs and Rock 'n' Roll* sind das Eine. Geld verdienen das Andere. Und wer so richtig viel Geld verdienen will, der kümmert sich nicht um Ethik und Moral – und auch nicht um staatliche Gesetze. Gesetze sind wie Spinnennetze, da verfangen sich meistens nur die kleinen Tiere. Auch wenn es im neutralen Österreich verboten ist, Waffen »Made in Austria« an kriegführende Staaten zu liefern: Im Waffenhandel lassen sich Milliarden US-Dollar verdienen, wenn man die richtigen Kontakte hat und die Transporte verschleiern kann.

In den 1960ern gibt es heftige Bürgerkriege in Afrika und Südamerika, im Baskenland und in Nordirland, von Vietnam und Kaschmir gaaaaaanz zu schweigen. In den 1970ern wird in Uganda, Osttimor, Israel und Afghanistan Krieg geführt. In den 1980ern sind vor allem die Krisenherde im Mittleren und Nahen Osten die Märkte, die Gewinn bringen. Der Libanon, Palästina, Äthiopien. Das islamische Ayatollah-Regime im Iran und die westlich orientierte Saddam-Hussein-Diktatur im Irak führen einen erbitterten Krieg mit fast einer Million Toten. Halb Europa und die USA liefern Waffen und Giftgas. Auch Österreich möchte davon profitieren.

Die verstaatlichte Industrie ist wirtschaftlich im Sinkflug und sieht im Export von Tschin-Bumm einen Ausweg aus der Krise, auch zur Erhaltung von ungefähr 15.000 Arbeitsplätzen.

»In den späten 1970er- und 1980er-Jahren ging die SPÖ-Alleinregierung mit dem Neutralitätsgebot sehr nonchalant um. Man belieferte nahezu alle Staaten mit österreichischen Waffen«, erinnert Petra Stuiber am 3. Jänner 2016 in *Der Standard*. »Die Ausfuhrbestimmungen für Kriegsmaterialien interpretierten die Behörden praktischerweise so ›neutralitätskonform‹, dass, wenn ein kriegsführender Staat beliefert wurde, auch der gegnerische Staat zum Zug kam. Wer also beide Seiten bediene, könne ergo auch die Neutralität nicht verletzen, war eine Auslegung, die vor allem der mächtige Gewerkschaftsbund-Chef Anton Benya pflegte.«

Kanzler Kreisky segnet die Waffen-Deals persönlich ab und sagt laut Zeugen zu den Managern: »Machts es unter der Tuchent … und lassts euch ned erwischen!«

Der Historiker Thomas Riegler hält in der Jänner-2016-Ausgabe der *Vierteljahrshefte für Zeitgeschichte* fest: »Man war damals bereit, zum Erhalt von Arbeitsplätzen in der heimischen Stahlindustrie fast jeden Preis zu zahlen.« Das hat für Riegler »etwas von einer griechischen Tragödie. Man wollte das Gute, aber mit untauglichen Mitteln. Das hat einen Rattenschwanz an neuen Problemen nach sich gezogen.«

Österreich positioniert sich in der Welt: Bundeskanzler Bruno Kreisky ist der erste westeuropäische Regierungschef, der die DDR besucht. Im Gegenzug führt die erste West-Reise des DDR-Staatsratsvorsitzenden Erich Honecker nach Österreich, und er bringt einen millionenschweren Auftrag für die »Verstaatlichte« mit. Auch Asien wird betreut: Außenminister Erwin Lanc ist der erste westliche Minister, der nach dem Sturz des pro-amerikanischen Schah den fundamentalistischen Mullahs im Iran die Ehre erweist.

Doch die großen Waffenhändler sind *global player* und dulden auf Dauer keine Konkurrenz.

Mit den Profiten finanzieren die Kriegsgewinnler ihren Lebensstil. Alkohol, Drogen, Sex und Dekadenz. Von grenzenloser Gier und dem Gefühl der Unbesiegbarkeit getrieben, ziehen sie in den Krieg und wagen immer riskantere Geschäfte. Schnell stellt sich heraus: Es ist ein mörderisches Business. Und viele bleiben dabei auf der Strecke.

Der ehemalige österreichische Verteidigungsminister Karl Ferdinand Freiherr von Lütgendorf, ein väterlicher Freund von Udo Proksch, ist in Waffengeschäfte in der arabischen Welt involviert. Seine Leiche wird 1981 in seinem Geländefahrzeug auf einem Forstweg in Schwarzau im Gebirge in Niederösterreich gefunden. Lütgendorf hat einen Schuss durch die zusammengepressten Zähne kassiert. Er hält einen nicht registrierten *Smith-&-Wesson*-Revolver ohne Fingerabdrücke in seiner linken Hand. Lütgendorf ist Rechtshänder, also Selbstmord, ganz klar. Auch ohne Abschiedsbrief. Nicht einmal eine Obduktion gibt es. Klappe zu, Affe tot.

1984 wird im Libanon der österreichische Sicherheitsattaché an der Botschaft in Beirut, Gerhard Loitzenbauer, in seiner roten *Alfetta* erschossen – anscheinend von arabischen Waffenhändlern, die ihn für einen Verräter halten.

Als im Jahr 1985 der österreichische Botschafter in Griechenland, Herbert Amry, von illegalen Waffendeals der verstaatlichten österreichischen Industrie für den Iran erfährt und die Bundesregierung in Wien informieren möchte (so als hätte man dort nichts davon gewusst), verabredet er sich mit dem iranischen Waffenhändler Hadji Dai, der ihm brisante Geheimpapiere verspricht. Kurze Zeit vor dem Treffen hat Amry allerdings einen mysteriösen Herzinfarkt. Ruckzuck wird der Leichnam eingeäschert. Posthum erhält Amry den *Bruno-Kreisky-Preis für Verdienste um die Menschenrechte*.

Gerald Bull, der kanadische Konstrukteur der in Österreich gebauten *Noricum-Super-Kanonen*, die trotz Waffen-Embargos an die kriegsführenden Staaten Iran und Irak geliefert werden, reist von Wien nach Brüssel und wird dort vor der Tür seiner Wohnung vom israelischen Geheimdienst mit fünf Schüssen ermordet.

Der österreichische Industriemanager Heribert Apfalter, der in die *Noricum-Affäre* über die *Voest-Alpine AG* involviert ist, trifft sich 1987 mit einem geheimnisvollen angeblichen Entlastungszeugen auf der Westautobahn in der Raststätte Strengberg und ist wenig später tot. Auch er stirbt überraschend an einem Herzversagen.

Die *Causa Noricum* landet 1990 in Linz vor Gericht: Es geht um Neutralitätsgefährdung, Verletzung des Kriegsmaterialgesetzes, alles verzeichnet auf rund 300.000 Akten-Seiten. Der Name Udo Proksch taucht hier – obwohl penibel danach gesucht wird – aber nirgends auf. Von den 18 Angeklagten werden 14 verurteilt. 1993 korrigiert der Oberste Gerichtshof die Urteile und spricht sieben weitere Manager frei. Ins Gefängnis muss niemand. Auf Seite der Politik werden Ex-Bundeskanzler Fred Sinowatz und Ex-Außenminister Leopold Gratz freigesprochen, Ex-Innenminister Karl Blecha erhält eine bedingte Haftstrafe.

Die schwedische Journalistin Cats Falck recherchiert das Netzwerk der europäischen Waffenexporteure sowie die Tarngeschäfte in Österreich – und ist schon bald darauf spurlos verschwunden. Erst ein halbes Jahr später findet man Falcks Leiche in Stockholm in einem Kanal. Diesmal kommen die Mörder offenbar aus der DDR, so wird vermutet, denn auch die Ostdeutschen sind sehr aktiv im weltweiten Handel mit Kriegsmaterial – Devisen, Devisen, Devisen – und haben sicher einiges zu verbergen.

1986 wird der schwedische Ministerpräsident Olof Palme, ein guter Freund von Bundeskanzler Kreisky, nach einem Kinobesuch in Stockholm erschossen. *Smith & Wesson*, Kaliber .357 Magnum. Es steht mittlerweile fest, dass der Mord von Geheimdiensten unter der Führung der amerikanischen *CIA* und des britischen *MI6* geplant und organisiert worden ist, weil sich Palme gegen Waffenhandel engagiert hat. Weiters ist belegt, dass westliche Dienste damals mit Hilfe der Staatssicherheit in der DDR einen globalen Waffenhandel betreiben, dessen Spur auch zum deutschen Politiker Uwe Barschel führt, der im *Hotel Beau-Rivage* in Genf unter ungeklärten Umständen in der Badewanne zu Tode kommt. Laut Geheimdienstquellen hat Barschel intime Kenntnisse von der Verschiebung westlicher Waffentechnologie in die DDR und ist darüber hinaus offizieller Vermittler der *CIA* in einem Raketen-Deal mit dem Iran, den US-Präsident Ronald Reagan persönlich genehmigt hat.

Udo Proksch wickelt bereits in den 1960er-Jahren mit seinem Freund Rudi Wein und verlässlichen Genossen auf beiden Seiten des Eisernen Vorhangs profitable Technologie-Schmuggelgeschäfte ab: Mikroelektronik, Halbleiter, Festplatten, integrierte Schaltkreise, Kohlefaser-Produkte, Kunststoffverfahren, Laser- und Holografie-Technik sowie Konsumgüterelektronik. Deswegen sprechen in den 1980er-Jahren *CIA*-Agenten in ihren Europa-Dossiers von den *Vienna Techno Bandits*, die im Kalten Krieg, auch mit Kontaktpersonen in den USA, dem Westen großen Schaden zufügen. Von Waffenlieferungen ist darin allerdings nicht die Rede.

Ist die Fracht der *Lucona* vor diesem spannenden Hintergrund als Teil des Kalten Kriegs zwischen Ost und West, zwischen Kapitalismus und Kommunismus, zu sehen oder eher doch nur als Nachschub für eine der vielen Krisenregionen dieser Welt? Oder geht es bei diesem Seetransport darum, einen gutgläubigen Empfänger mit zweitklassiger Ware zu bescheißen? Oder ist alles nur eine großspurige Behauptung, einzig und allein mit dem skrupellosen Ziel, nahezu wertlosen Schrott im Ozean zu versenken und Millionen von der Versicherung zu kassieren?

»Wir alle, wie wir da sind, miassen kapieren, dass die Politiker an verkehrten Brief ins Spiel schicken und dafür leider kane am Zager kriagn«, raunt mir der Taschner Pepi, ein sympathischer Wiener Strizzi mit Herz, in der *Neubauschenke* in der Zieglergasse mit einem schiefen Lächeln zu und nennt mich wegen meiner Proksch-Storys in den Zeitungen »Udos letzten Mohikaner« und einen »gefährlichen Romantiker«.

Ich treffe ihn immer wieder in diversen Lokalen, seit mich der Soziologe Roland Girtler im Jahr 1983 mit ihm bekannt gemacht hat. Und weil ich soeben in meinem Archiv über alte Zeitungsausschnitte gestolpert bin und weil wir alle – seien wir ehrlich – auch heute wieder riechen, dass »die Politiker an verkehrten Brief ins Spiel schicken« (mit gezinkten Karten spielen) und keine Konsequenzen befürchten, muss ich plötzlich wieder an den Taschner Pepi denken, der mir bei unserem letzten Treffen in der *Neubauschenke* erzählt hat, dass er in Sachen *Noricum-Affäre* demnächst bei der Staatspolizei vorgeladen ist. Und zwar als »Insider«. Wegen der vermuteten Verstrickung der österreichischen Unterwelt in den internationalen Waffenhandel.

Zu dieser Aussage kommt es meines Wissens allerdings nicht mehr, weil der Pepi in der kleinen neuen Wohnung, die er kurz davor von der Gemeinde Wien erhalten hat, gestorben ist.

Plötzlich und überraschend.

Wegen eines undichten Gas-Durchlauferhitzers.

Genug ist nicht genug

Energie. Energie. Energie. Die Wiener City. Ein *Maserati Indy*. Schnell, laut, dynamisch. Mit Speziallackierung: gefleckte Military-Camouflage-Optik. Es ist Abend. Dunkel. Es hat geregnet. Der italienische Sportwagen rast durch schmale nasse Gassen, wie wir sie aus dem Film *Der dritte Mann* kennen. Die breiten Reifen schmatzen in den Lacken. Am Steuer sitzt Udo Proksch, mit Military-Camouflage-Kampfanzug und einer *Carrera*-Sonnenbrille auf der Nase.

Wer könnte ihn spielen? Stellen Sie sich den amerikanischen Schauspieler Jack Nicholson im Film *Die Hexen von Eastwick* vor. In dieser Horrorkomödie aus dem Jahr 1987 gibt Nicholson den dämonischen Frauenverführer Daryl Van Horne. Einen Mephisto, wie er im Buche steht. Er schaut zwar nicht gerade blendend aus, aber es geht ein ganz eigener Zauber von ihm aus. Der schwerreiche lüsterne Rebell kennt keine Zwänge und hat leichtes Spiel mit den provinziell denkenden Reichen und Schönen: Sie verfallen der Reihe nach seinem teuflischen Charme …

Goethe lässt seinen Mephisto im Faust sagen: »Ich bin der Geist, der stets verneint! / Und das mit Recht; denn alles was entsteht / Ist wert, dass es zu Grunde geht; / Drum besser wär's, dass nichts entstünde. / So ist denn alles, was ihr Sünde, / Zerstörung, kurz das Böse nennt, / Mein eigentliches Element.« Er verkörpert mit viel Eloquenz die destruktive Seite des Dr. Faust (und somit auch der Menschen) und ist ganz im Sinne der philosophischen Dialektik Hegels »Ein Teil von jener Kraft, / Die stets das Böse will und stets das Gute schafft.«

// Das verstehen Sie nicht? Ich auch nicht. //

Jedenfalls, Nicholson, der würde gut als Proksch-Mephisto passen – auch wenn's von der Figur her nicht eins zu eins stimmt. Nicholson ist gut 15 Zentimeter größer, drei Jahre jünger und schmäler. Proksch wirkt gedrungener. Bulliger. Wie ein Boxer.

1987 ist der in Los Angeles lebende österreichische Filmregisseur Robert Dornhelm zu Gast in der Konditorei *Demel* am Wiener Kohlmarkt, um Udos Okay für ein Filmprojekt zu bekommen: Er möchte die Udo-Proksch-Story unter dem Titel *Blue Danube Cowboy* verfilmen. Mit Jack Nicholson in der Hauptrolle.

»Nicholson hat bereits zugesagt!«, flüstert Dornhelm, der dem Hollywood-Star »quick & dirty« erklärt hat, wer Proksch ist: »Ein Designer, Schweinehirt, Waffenhändler, Frauenheld, Lebemann, Politiker-Einflüsterer und Schwerverbrecher.«

Udo Rudolf Proksch wird 1934 an der Nordküste Deutschlands, in der Groß-, Hanse- und Universitätsstadt Rostock geboren. Bis 1945 besucht er die NSDAP-Schule *Napola* in Bischofshofen bei Salzburg. Das ist ein Internat, in dem im *Dritten Reich* die Elite der Nazis herangezüchtet werden soll. Sein Vater zwängt ihn dort hinein, wo er leidet wie ein Märtyrer: »In mir hat sich alles gewehrt gegen diese Disziplin. Ich war Bettnässer und habe Heimweh gehabt. Ich war der Kleinste in der Klasse und musste stark werden, um fest zurückprügeln zu können.«

Eines Tages kommt der Reichsführer *SS* und gleichzeitig Chef der deutschen Polizei, Heinrich Himmler, zu Besuch ins Internat. Schon lange kennt er Udos Vater, den fleißigen Reichsamtsleiter Rudolf Proksch, der seit 1944 die Nummer eins der *Hauptarbeitsgruppe Ukraine* und mit der Auswertung und Katalogisierung von beschlagnahmten Kunstgegenständen befasst ist. Jedenfalls lässt Himmler »den kleinen Herrn Udo« rufen und richtet ihm, die Wangen tätschelnd, beste Grüße von seinem »sehr tapferen Vater« aus.

Von da an gehört der Kleine zu den Großen und ist bald auch der Stärkste: »Je älter man wird, umso deutlicher sieht man, dass auf der Welt nur eine kleine Gruppe von Menschen etwas zu sagen hat, ein ganz elitärer Haufen.«

Es ist, so Udo, wie mit den sogenannten Genies: »Genies werden durch die Masse gemacht. In jedem von uns, in der Masse selbst, ruht irgendwo ein kleines Genie oder die Sehnsucht nach einem Genie, und vielleicht wird durch Glück und durch verschiedene Zusammenballungen, die wir nicht kennen, ein Genie gemacht. Aber wer macht die Genies? Die Masse. Und wer gibt dem Genie den Tod? Die Masse. Und wer hebt das Genie empor? Die Masse. Und ich komme aus der Masse und ich werde jede Chance wahrnehmen, dass ich endlich ein Genie werde. Nur bin ich noch lang kein Genie, das ist die ganze Geschichte«, erklärt der junge Udo, der damit ein Lebensziel formuliert.

Seine Eltern sind überzeugte Nazis. Keine Frage. Alle beide.

Udos Mutter Anna Elisabeth Katharina Proksch geb. Eidt, genannt Annelies, soll einmal erklärt haben, dass Udo gleich nach Hitlers Machtergreifung »im Schatten einer deutschen Eiche gezeugt« worden ist und dass ihre eigenen familiären Wurzeln mütterlicherseits mitten in der Familie des deutschen Dichterfürsten Johann Wolfgang von Goethe zu finden sind.

Udos Vater Rudolf Franz Proksch, der »Rudi«, heiratet sie im Herbst 1933. Er ist schon in jungen Jahren in nationalsozialistischen Gruppen aktiv und dort immer wieder zuständig für Organisation, Werbung, Presse und Ideologie. Diese bürokratische Arbeit liegt ihm sehr. Auch während der Kriegsjahre ist er selten im Kugelhagel an der Front zu sehen, sondern in Schreibstuben in Rumänien und Griechenland, in der Ukraine und in Polen, und zwar in leitenden Funktionen. Udo hat mir einmal erzählt, dass sein Vater auch für den *Sicherheitsdienst des Reichsführers SS*, den *NSDAP*-Geheimdienst, gearbeitet hat und führend daran beteiligt gewesen sein soll, viele geraubte Kunstwerke im Salzbergwerk in Altaussee im Salzkammergut einzubunkern und vor Zerstörung zu schützen – wie zum Beispiel den *Genter Altar* oder die *Brügger Madonna*. Belege dafür habe ich allerdings keine finden können – und wenn's nicht wahr ist, dann ist es gut erfunden.

Der Vater ist selten zu Hause. Während der Kriegsjahre und bis 1947 kümmert sich Annelies um den Zusammenhalt der Familie, die in Berlin, München, Wien und schließlich in Lend bei Salzburg lebt. Dabei wird sie tatkräftig von Udo unterstützt. Schon mit elf Jahren ist der älteste Sohn in den Wäldern unterwegs und sammelt trockenes Holz, zum Heizen für den Winter.

Nach dem Krieg wird Rudolf Franz Proksch von den Amerikanern gemeinsam mit Tausenden Männern und Frauen im *Camp Marcus W. Orr* in der Stadt Salzburg »entnazifiziert«. Danach kommt er in der *Salzburger Aluminium-Gesellschaft* in Lend unter und wird Arbeiterbetriebsrat und schreibt für die Werkszeitung. Ab 1954 kümmert er sich im *Salzburger Landesverkehrsamt* um Statistik, Presse und Marketing und nennt sich bis zu seinem Tod »Chefredakteur«. Nebenbei tritt er dem *Verband der Unabhängigen VdU* bei, der als Vorläufer der *Freiheitlichen Partei Österreichs FPÖ* gilt, aber auch dem *Bund Sozialistischer Akademiker BSA*. Kleines B. Groß: SA.

Die *SPÖ* weiß, dass sie bei freien Wahlen ohne die ehemaligen Nazis keine Chancen auf Mehrheiten hat und kennt deshalb kaum Berührungsängste. Der sozialdemokratische Gründervater der Zweiten Republik, Karl Renner, fordert im August 1945, die alten Nazis in Ruhe zu lassen, weil es in Österreich »fast keine Familie, auch keine sozialistische Arbeiterfamilie gegeben hat, die nicht in der näheren oder ferneren Verwandtschaft Leute hat, die mit den Nationalsozialisten mitgegangen sind.« Am 22. April 1948 erklärt die *Arbeiter-Zeitung*, das Zentralorgan der *SPÖ*: »Die Sozialistische Partei Österreichs verabscheut es, aus der Nazi-Frage ein politisches Geschäft zu machen. Wir haben die feste Überzeugung, dass jene ehemaligen Nationalsozialisten, die dem Fortschritt dienen wollen, alleine in unseren Reihen sich finden werden.« Und 1957 gehen die Roten mit ihrem Kandidaten Adolf Schärf, einem überzeugten Antifaschisten, in den Bundespräsidenten-Wahlkampf und werben mit dem grenzwertigen Slogan »Wer einmal schon für Adolf war, wählt Adolf auch in diesem Jahr!«

Resultat: Schärf wird Bundespräsident. Gleich zwei Mal.

Ich lerne Udos Eltern im Sommer 1986 in Wien kennen, und beide zeigen sich als freundliche offenherzige Menschen: »kreuzbrave Leut'«, wie man so sagt.

Mein Vater Otto Maximilian Biron, ein Arbeiter aus Wien-Ottakring, hätte das sicherlich anders gesehen. Aber der war ja auch im Widerstand aktiv und ist nur ganz knapp der KZ-Haft entgangen.

Ich bringe damals mein eigenes Monatsmagazin, das *Extrablatt*, heraus, und der alte Proksch stellt mir zum 40. Jahrestag der Urteile in den Nürnberger Kriegsverbrecher-Prozessen ganz besonderes Bildmaterial kostenlos zur Verfügung, das ich auch gerne abdrucke. In seiner ledernen Aktentasche trägt er kleine Fotos der hingerichteten Nazis von Nürnberg bei sich: Joachim von Ribbentrop, Ex-Außenminister; Wilhelm Keitel, Chef des Oberkommandos der Wehrmacht; Ernst Kaltenbrunner, Polizeichef des *SS*-Staates etc. pp. Der *NSDAP*-Multifunktionär Hermann Göring will nicht am Galgen enden und begeht in seiner Zelle Selbstmord mit Zyankali. Jeder der Hingerichteten wird zweimal fotografiert, einmal bekleidet und einmal nackt. Und diese Fotos mit den Nazi-Leichen überreicht mir der Proksch-Papa, der in einem Brief an Udo einmal geschrieben hat: »Jeder von uns ist das Produkt seiner Vergangenheit. Muttis und meine Vergangenheit haben uns geprägt. Wir haben trotzdem die Stunde null überstanden und uns bemüht, ›darüber‹ – im Sinne des Wortes – nachzudenken. Wir lebten in ›unserer Zeit‹, heute betrachten wir diese Zeit und sehen neben ihren Schattenseiten auch jene Seiten, zu denen wir vorbehaltlos ›Ja!‹ sagen konnten und auch gesagt haben und heute noch sagen.«

Nach Kriegsende besucht Udo eine Zeitlang die *Akademie für angewandte Kunst* in Wien am Kopalplatz, heute Oskar-Kokoschka-Platz. Danach entwirft er unter dem

Künstlernamen Serge Kirchhofer in Oberösterreich für die *Firma Wilhelm Anger* in Traun bei Linz mit großem internationalen Erfolg verschiedenste Brillenmodelle der Marken *Viennaline* und *Carrera* und macht aus der »Krankenkassa-Augenkrücke« einen ebenso praktischen wie teuren exklusiven Modeartikel mit Schmucksteinen und edlen Materialien. Auch das *Leichentuch Erster Klasse* der *Wiener Städtischen Bestattung* (silberne Kreuze auf schwarzem Grund), das Parfüm *Sweet Death*, das angeblich nach Tod riecht, und der *Goldfinger*, ein Schmuckstück mit Brillanten und bunten Steinen, das man wie einen Fingerhut tragen kann, sind Proksch-Kreationen. Allerdings ist Udos *Goldfinger* nicht die Inspiration für den gleichnamigen James-Bond-Roman von Ian Fleming, wie sehr oft behauptet wird, denn der erste goldene Fingerhut wird 1961 verkauft, der 007-Roman *Goldfinger* erscheint aber bereits im Jahr 1959 auf Englisch und Deutsch und kommt, verfilmt mit Sean Connery als James Bond, 1964 in die Kinos.

Weil er mit seinem Brillendesign in 80 Ländern der Welt ein Vermögen verdient, kann es sich Udo leisten, mit diversen bizarren Produktentwicklungen (zum Beispiel aufblasbare lebensgroße Kunststoff-Hitler-Puppen als Watschenmann) zu scheitern. Er will mobile Fabriken für Kunststoffpanzer bauen, Abenteuerspielplätze für Männer mit scharfer Munition eröffnen und überhaupt die gesamte österreichische Landesverteidigung revolutionieren.

Weitere schräge Ideen wie etwa der *Verein der Freunde der Senkrecht-Bestattung* sorgen für eine Vielzahl von Zeitungsberichten: Damit man »zumindest als Toter aufrecht stehen kann, wenn es einem zu Lebzeiten nicht vergönnt war, aufrecht durchs Leben zu gehen«, soll der

Leichnam in eine Plastikröhre gesteckt und auf dem Friedhof vertikal in der Erde versenkt werden, auch um Platz zu sparen.

Ab 1972 ist Udo Proksch der Besitzer der weltberühmten *Hofzuckerbäckerei Demel* und Gastgeber des dort gegründeten *Club 45*, in dem sich vornehmlich *linke* VIPs aus Politik, Wirtschaft und Kultur treffen. Udo gilt damals als äußerst potenter Liebling der Damenwelt und erfolgreicher Unternehmer, der weiß, wie man im grauen, oft deprimierenden Wien glamouröse hemmungslose Feste feiert, über die noch Wochen später begeistert berichtet wird.

Schrankenlose freizügige Auftritte sind in den wilden 1960er und 1970er Jahren nicht nur auf den Universitäten ein Ausdruck von Rebellion gegen das öde Alte und Verkrustete, gegen die kleinbürgerliche Spießigkeit der Leute und die unter den Teppich gekehrte Nazi-Vergangenheit der älteren Generation.

Udo ist in verschiedenen Branchen gut im Geschäft und will »Millionär« sein. Und so mächtig »wie Napoleon«. Ohne Waterloo. Außerdem träumt er davon, »Würfel in Kugeln zu verwandeln«.

Joachim Riedl schreibt in *Die Zeit*: »In Wien, das damals im kleinbürgerlichen Dämmer schlummerte, hatte ein kreativer Kopf und bunter Hund leichtes Spiel, für Furore zu sorgen. Proksch war ein Frauenfreund und Männerbündler, ein Militärfreak mit Adelstick, Charmeur, Schwerenöter und Teufelskerl (...) Im Hinterzimmer des neuen *Demel*-Herrn wurden rauschende Feste gefeiert, bizarre Projekte geschmiedet, Seilschaften geknüpft, krumme Geschäfte ausgehandelt, Provisionen vereinbart. Geschmeidig bewegte sich Proksch in diesem merkwürdigen Gemisch aus offiziellen Amtsträgern und inoffiziellen Nutznießern. Er war ein Meister-Manipulator, der davon ausging, dass jedermann korrumpierbar sei, und in allen, die ihn umschwirrten, potenzielle Opfer sah.«

Auch Frauen umschwärmen ihn wie Motten das Licht. Obwohl er Sätze sagt wie: »Die Frau ist die Ebene, der Mann will zum Gipfel.« Oder: »Ein Huhn ist kein Vogel, eine Frau ist kein Mensch.« Ihn zieht es nicht zu den einfachen Vorstadtkellnerinnen und den geilen Friseusen, er spielt nicht mit den Schmuddelkindern, er liebt schöne hochgestellte Frauen, schnelle Wagen und Musik. Blaues Blut.

Solche Frauen sind oft sehr gelangweilte Geschöpfe, die ihr Glück nicht fassen können, wenn ihnen ein Mann wie Udo Proksch Avancen macht. Manch eine ist so überwältigt, dass sie sich aus Udos abgefeuerten Pistolenkugeln Ohrgehänge fertigen lässt.

Im *SZ Magazin* der *Süddeutschen Zeitung* erinnert sich Erika Pluhar, zehn Jahre nach Udos Tod, an den Mann, den sie mit 23 Jahren geheiratet hat: »Der war ein ganz faszinierender Kerl, ein sprühender Mensch, der mich mit seiner Ideenfülle und Unbekümmertheit anzog. Ich war ja eher brav und pflichterfüllt. Obwohl er ein kleiner, klobiger Mann mit breitem Gesicht war, sind ihm die Frauen buchstäblich nachgerannt. Diesen seltsamen, leicht verrückten Menschen habe ich sehr geliebt. Die Ehe war sehr schwierig. Er war immer unterwegs und hat mich ständig beschissen. Und er wurde Alkoholiker. Das war das Schlimmste. Im Alkohol hat er mich zweimal wirklich verprügelt. Was mich da gerettet hat, und das sage ich mit großer Zuneigung, war der Helmut Griem, mit dem ich beim Drehen von *Bel Ami* eine Affäre hatte. Diese Beziehung gab mir die Kraft, mich von meinem Mann scheiden zu lassen. Ich habe dann seinen Abstieg in die totalen Alkoholverwüstungen miterlebt und wie er sich da wieder rausgerappelt hat.«

Doch nach dem Untergang der *Lucona*, einem jahrelangen Rechtsstreit mit enormen Anwaltskosten und der Veröffentlichung des Buches *Der Fall Lucona: Ost-Spionage, Korruption und Mord im Dunstkreis der Regierungsspitze* von »Proksch-Jäger Hans Pretterebner« endet seine Glückssträhne. Plötzlich gilt er in den Augen der Öffentlichkeit immer häufiger als »Mephisto der Politik«, der sich mit einer Flucht ins Ausland der Verfolgung durch die heimische Justiz entzieht. Aber nach Reisen um die halbe Welt wird er auf dem Flughafen Wien-Schwechat mit einem neuen Gesicht geschnappt und vor Gericht gestellt.

Spätestens jetzt beginnen sich auch die »Übersinnlichen« ins Geschehen zu mischen. Immer wieder melden sich sensitive Menschen mit besonderen Fähigkeiten bei Udos Anwälten, die einen Kassiber aus der Geisterwelt auf dem Ouija-Brett erhalten haben wollen und gegen Honorar bereit wären, auf einer Landkarte die Position der *Lucona* zu verraten und in einer Séance Kontakt zu den toten Matrosen herzustellen, um zu erfahren, was wirklich im Indischen Ozean geschehen ist. Doch alle Anwälte scheinen bereits zu wissen, was passiert ist, und so kommt man nicht ins Geschäft.

Interessanter scheint da schon das Gutachten eines Schriftsachverständigen zu sein. Als Grundlage dienen handgeschriebene Notizen und Briefe, die den Experten zu einem klaren Ergebnis führen: Udo Proksch ist selbstsüchtig, gemeingefährlich, aufrührerisch, widerspenstig, rechthaberisch, kokett, tratschsüchtig, neurotisch und selbstgerecht: »Er improvisiert, arbeitet aber nicht, er liebt nicht, sondern nützt aus, er tut bloß sentimental, ist aber bei Mangel an Konsequenzen mit bedenklichen Komplexen ein pathologisch veranlagter Windhund.« Selbstverständlich melden sich auch Astrologen zu Wort, deren nichtssagenden Horoskope in manchen Zeitungen abgedruckt werden. Aus Neugierde und weil meine damalige Gefährtin gerne in die Sterne schaut, lasse ich auf eigene Kosten von der schweizerischen *Astrodata AG* aufgrund von Udos Sternenkonstellation bei der Geburt ein computerunterstütztes Persönlichkeitsprofil und eine Jahresvorschau für das Jahr 1990 liefern, ohne Details zur Biografie oder gar den Namen zu nennen. Ich erwarte mir keine großen neuen Erkenntnisse, es ist eher eine Spielerei, und ich denke daran, das umfangreiche Horoskop dem Udo zum Geburtstag zu schenken, aber das Ergebnis hat mich dann doch ein wenig überrascht.

»Geboren am 29. Mai 1934 um 12 Uhr 30 in Rostock im Sternzeichen der Zwillinge; Aszendent Jungfrau. Das bedeutet Scharfsinn, Sprachtalent und Vielseitigkeit ebenso wie Oberflächlichkeit und Ungeduld. Der jungfräuliche Aszendent macht verlässlich und höflich, wenn auch etwas reserviert. Die Rede ist von einem charmanten Menschen, dessen Ratschläge zumeist richtig sind und für den Erotik nicht nur ein Wort, sondern ein entscheidender Bestandteil seines Lebens ist; kaum ein Mann, der so viel Zärtlichkeit besitzt wie er. Er ist ein unberechenbarer Glückspilz, dem Freunde über alles gehen; ein eigensinniger Rebell, der viel riskiert, sich selbst oft überschätzt und Privates mit beruflichen und materiellen Interessen verbindet (...) Die Jahresprognose sagt stürmische Zeiten voraus. 1990 ist ein Schicksalsjahr: Vorsicht ist geboten. Eine große Prüfung steht ins Haus. Von einer Sekunde auf die andere kann alles verloren gehen, was lebenswert ist ... Verschwiegenheit macht sich bezahlt ... die Widersacher fahren jetzt schwere Geschütze auf. Nur keine Panik! Die diplomatischen Talente sind hilfreich ... Ein Freund spielt mit falschen Karten, Fehler werden in dieser Zeit schwere Folgen haben. Bei Entscheidungen sollte man sich fachmännisch beraten lassen ... Am besten zieht man sich in die Defensive zurück und lässt den Gegner kommen. Nicht vom eingeschlagenen Weg abweichen ...«

Letzter Rat für 1990: »Aufpassen, dass man nicht zum Rebellen aus Selbstzweck wird. Es gibt noch andere Menschen auf der Welt, und manchmal bringt ein diplomatisches Schweigen mehr als ein vorlautes Dazwischenbrüllen.«

Wenig später ist Udo der Angeklagte in einem der spektakulärsten Strafprozesse der österreichischen Justizgeschichte, und wird – 15 Jahre nach dem Untergang der *Lucona* – wegen Mordes und Mordversuchs in je sechs Fällen, vorsätzlicher Gefährdung durch Sprengmittel und versuchten Versicherungsbetrugs zu lebenslanger Haft verurteilt, die er in der *Haftanstalt Graz-Karlau* antritt.

Sehr interessant finde ich in diesem Zusammenhang die Schilderung einer zufälligen Begegnung zwischen Niki Lauda und *Lucona*-Richter Christian Leiningen-Westerburg, die einige Jahre nach dem Proksch-Prozess stattfindet. Der Richter reist in einem Flugzeug, das an diesem

Tag zufällig von Airline-Besitzer Lauda selbst geflogen wird. Die beiden Männer kennen sich, weil Niki mehrmals bei Udo als Besucher im Gefängnis ist und die Erlaubnis dafür vorher beim Richter einholen muss. Jedenfalls sagt Leiningen-Westerburg bei einem Gespräch im Cockpit zu Lauda: »Das größte Problem war, dass sich Proksch nie verteidigt hat.«

»Na, was meinst du zu Dornhelms Filmprojekt?«, fragt mich Udo. Ich zucke mit den Schultern: »Wie soll der Film enden?«

Für den Regisseur ist alles klar: »Nicholson verlässt die alte K.u.K. Zuckerbäckerei und wird davor auf der Straße erschossen.«

Als Proksch das hört, zieht er blitzschnell seine Pistole und sagt: »Bist deppert, Dornhelm-Bua? Der Nicholson ist okay. Aber so stelle ich mir mein Ende nicht vor.«

Frustriert fliegt Dornhelm wieder zurück nach Hollywood. Erst 2010 veröffentlicht er seinen Udo-Film, *Out of Control*, eine Dokumentation ohne Jack Nicholson, in der mehr als 20 Interviews das politische und soziale Panorama einer Gesellschaft abbilden, die dem Puppenspieler Udo Proksch hörig war. Dornhelm filmt mich in den Prunkräumen des *Demel*, und ich erzähle von meinen Besuchen in der *Justizanstalt Josefstadt* und wie ich langsam den Glauben an Udos Unschuld verloren habe.

Am 15. Oktober 2016 wird bei der *Classic Expo Salzburg* ein *1970 Maserati Indy 4200* versteigert. Der Supersportwagen hat 75.889 km auf dem Zähler und kommt äußerlich ein bissl fad daher, er hat vier First-Class-Sitze sowie einen Reisekofferraum und verkörpert eher einen

Gran Turismo, aber mit 290 PS aus einer drehfreudigen 4.2-Liter-Maschine ist er doch auch ein Rennwagen.

»Am 9. November 1979 erteilte der Wiener Magistrat eine Einzelgenehmigung an Herrn Udo Proksch«, ist vor der Versteigerung in der Produktbeschreibung zu lesen. »Dass der Wagen anschließend zehn Jahre auf den *Union Sport-Flieger Club in Eisenstadt* zugelassen war, ist eine weitere interessante Anekdote in der Geschichte dieses *Indys*. Danach folgte 15 Jahre lang mit Thaddaeus ›Teddy‹ Podgorski, motorsportaffine Rundfunk-Legende und ehemaliger ORF-Generalintendant, ein nicht minder bekannter Halter. Der letzte Besitzer ließ den *Maserati* vom Spezialisten umfangreich servicieren, der *Indy* rollt auf neuen Reifen und ist sofort einsatzbereit. Ganz ungeachtet von seinem guten Zustand ist er jedoch ein Stück österreichischer Geschichte mit unvergleichlicher Provenienz – wie wohl kein zweiter!« 25.000 Euro sind der Rufpreis, um beeindruckende 80.500 Euro wechselt das alte Auto den Besitzer.

Weiter geht's mit dem *Maserati* … Fahr'n ma, euer Gnaden! Nicholson wäre okay. Auch wenn Proksch kräftiger wirkt. Er ist gut gelaunt und fährt sehr riskant um einige Ecken. Passanten drehen ihre Köpfe. Da ist ein alter einsamer Mann mit einem bunten Luftballon. Eine grell geschminkte Frau mit einem pompösen Kinderwagen. Ein junger schicker Mann an der Seite einer schwankenden Prostituierten, die einen kleinen nervös kläffenden Hund an einer Leine Gassi führt. Ein stadtbekannter bunter Maler, der sich eine dicke Zigarre anzündet und dem Sportwagen laut hinterher schimpft.

Der *Maserati* driftet um eine Ecke … und hält mit laut schlitternden Reifen hinter der Staatsoper vor dem Eingang ins *Hotel Sacher*. Udo springt aus dem Sportwagen und beginnt, die *Internationale* zu singen / zu schreien: »*Völker! Hört die Signale, auf zum letzten Gefecht / Die Internationale erkämpft das Menschenrecht …*« Er stürmt das Hotelrestaurant im *Sacher* und zieht seine Pistole aus dem Gürtel: »*Wacht auf, Verdammte dieser Erde, die stets man noch zum Hungern zwingt!*«

Bumm. Bumm. Bumm. Er schießt den Kronleuchter von der Decke. Geschockte blasse Gesichter. Offene Münder. Er schreit: »Ich bin's, der Udo!« Und lacht.

Das Lachen wird ihm schon bald vergehen. Schon bald ist er im Fadenkreuz. Schon bald steht er selbst unter Feuer.

Staunend stellt das deutsche Nachrichtenmagazin *Der Spiegel* fest:

»Waffennarr Proksch, dem sein eigener Waffenpass Nr. 008216 bis zu seiner Flucht nie entzogen wurde, obwohl er nachweislich in aller Öffentlichkeit sturzbetrunken mit seiner Pistole herumballerte und dabei Menschen gefährdete – er erhielt deswegen bloß im *Sacher* Lokalverbot –, durfte beim österreichischen Bundesheer in Kampfflugzeugen mitfliegen und selbst Panzer fahren (einen steuerte er mal im Suff von Baden nach Wien und stellte ihn mitten in der Stadt ab). Der Kuchenbäcker kaufte dem Bundesheer zu Discountpreisen Kriegsmaterial ab oder erhielt es vom Kameraden Lütgendorf gar als Leihgabe, sodass seine private ›Luftwaffe‹ Mitte der siebziger Jahre einmal aus acht zum Teil noch voll einsatzfähigen Maschinen bestand: zwei Düsentrainern *Vampire D.H.115*, zwei Jagdbombern *Saab J 29 F*, einer *Fouga Magister*, einer *Pilatus* und zwei schrottreifen *Starfightern*, letztere aus der Bundesrepublik.«

Trautl Brandstaller analysiert im katholischen Zentralorgan *Die Furche*: »Die erotische Wirkung von Uniformen und Waffen, gepaart mit Gewalt- und Alkohol-Exzessen, ist ein typisches Kennzeichen rückständiger Gesellschaften. Daher fanden auch Österreichs größte Medien, *Kronen Zeitung* und *ORF*, in denen überall Proksch-Freunde saßen, nichts an Waffentick, Saufgelagen und Prügelorgien ihres *Haberers* auszusetzen.«

Udo lässt sich nicht beirren und spielt weiterhin den bewaffneten Clown, der seine Umgebung gerne provoziert. In einem *ORF*-Radiointerview im Jahr 1981 zieht er auf die Frage, ob er bewaffnet sei, zu »Demonstrationszwecken« seine Pistole.

Redakteur: »Man liest immer wieder, Sie seien ein Waffennarr ...«

Proksch: »Jo, des stimmt auch.«

Redakteur: »Haben Sie jetzt eine Pistole dabei?«

Proksch: »Ich hob hier eine Pistole und kann auch in die Decke schießen damit.«

Redakteur: »Ja, das muss nicht sein!«

Proksch: »Das ist eine ...«

Redakteur: »Was ist das, was ist das?«

Proksch: »Eine *SIG Sauer.*«

Redakteur: »Eine *Sauer*. Die haben Sie immer ... so eine Pistole haben Sie immer bei sich?«

Proksch: »Jo, die trag ich immer, weil es wird ja immer interessanter. Weil man wird ja verfolgt von Journalisten und von Detektiven, die wieder von Journalisten oder irgendwelchen Anwälten angeheuert werden ...«

Prokschs *SIG P210 9mm* ist ein Beispiel technischer Superlative. Konzipiert und (teilweise) konstruiert wird sie von Walter Ludwig in den 1960er- und Anfang der

1970er-Jahre bei der *Schweizerischen Industrie-Gesellschaft SIG* in Neuhausen im Kanton Schaffhausen. Im Auftrag der Schweizerischen Armee.

// Halten Sie sich ans Drehbuch, aber erzählen Sie die Geschichte mit Ihren eigenen Bildern. Seien Sie kreativ.

»Kamera läuft!«

»Ton läuft!«

»Und: Action!« //

Plopp und Zisch. Udo sabriert eine Flasche Champagner mit einem passenden Säbel: »Champagner! Nach dem Sieg verdienst du ihn, nach der Niederlage brauchst du ihn.« Die Räume des *Club 45* im dritten Stock der *K.u.K. Hofzuckerbäckerei Demel* bilden den gediegenen Rahmen. Sanftes Licht. Dunkle Holztäfelungen. Herrschaftliche Ölgemälde. Das ganze Haus atmet österreichische Geschichte. Seit 1888 hier am Kohlmarkt 14. Davor war die Konditorei auf dem Michaelerplatz Nr. 4, gegenüber vom Bühneneingang des alten *k.k. Hofburgtheaters*. Und näher dran am Kaiser. Und der war ein Süßer. Hat gerne genascht.

Der *Demel* am Kohlmarkt wird im Rokoko-Stil vom belgischen Möbelbauer August Portois und dem Wiener Tapezierermeister Anton Fix, einem berühmten Inneneinrichtungs-Duo der damaligen Zeit, einzigartig gestaltet. Ist heute noch beeindruckend.

»Die Hofkonditorei zählt zu Österreichs Nationalheiligtümern wie der Stephansdom und die Spanische Reitschule. Ihre Spiegelsalons und ihre zierlichen Tischchen stehen unter Denkmalschutz«, schreibt *Der Spiegel* im Jahr 1972. »Hier wählte Kaiser Franz Joseph eigenhändig die schokoladenen Ostereier für seine Familie aus. Von hier ließ sich Kaiserin Elisabeth, die Sissi, vor dem täglichen Ausreiten um vier Uhr nachmittags ihre Schale Kaffee kommen.« Sabine Elisabeth Rossegger ist fasziniert von der österreichischen Monarchie, sie kleidet sich gerne wie Sissi und bloggt im Internet als *Sternenkaiserin* über Relikte der Kaiserzeit, wie es der *Demel* ist: »Als die Österreichisch-Ungarische Monarchie unterging, schien im *Demel* die Zeit still zu stehen … Hier blieb ein Graf auch in der Republik ein Graf, man hielt seinem aristokratischen, verarmten Vorkriegspublikum die Treue. Trotz Verbot und Strafe ließ Anna Demel weder auf dem Portal noch auf den Konfektschachteln das Emblem *K.u.K. Hofzuckerbäcker* entfernen. Anna Demel ist auch heute noch, lange nach ihrem Tod im Jahre 1956, als Pionierin bekannt, die als erste Frau den Titel ›Kommerzialrat‹ erhielt (1952) und der im *Demel* mit der berühmten *Anna-Torte* – einer Verführung aus feinstem Nougat – auch heute noch Tribut gezollt wird … Eine Besonderheit vom *Demel*, die aus der Monarchie stammt, ist die ausschließlich weibliche Bedienung, die damals vorrangig aus Klosterschülerinnen bestand. Die Demelinerinnen tragen traditionell eine schwarze Tracht mit weißer Schürze. Noch heute sprechen sie die Gäste im *Demel-Deutsch* in der dritten Person an. (»Haben schon gewählt?« oder »Wünschen zu speisen?« Das kommentierte Udo lachend: »Wenn's eine vierte Person gäbe, würden wir auch die verwenden.« Anm. G. B.) … Ab 1965 führt Baron Federico v. Berzeviczy-Pallavicini den *Demel* weiter. Der hochbegabte Künstler begründet die Tradition, aus Schaustücken des Zucker- und Schokoladenhandwerks extravagante, neobarocke Inszenierungen zu gestalten … und prägte nachhaltig das verspielte Erscheinungsbild der Auslagen und Verpackungen. … Nachdem er das Familienunternehmen 1972 verkaufte, um sich in Italien und New York künstlerisch zu betätigen, begann für den *Demel* eine unruhige Zeit, als er vom österreichischen Enfant Terrible Udo Proksch, damals unter dem Synonym Serge Kirchhofer, Besitzer von 17 Telefonnummern, 38 Mänteln im Military-Look und zahlreichen Geburtsdaten, übernommen wurde. Proksch gründet dort den *Club 45.*«

Udo setzt die Tradition der Zuckerguss-Auslagendekorationen fort, allerdings ändert er die Inhalte gründlich und zeigt zum Beispiel das brennende Leningrader Winterpalais oder den Revolutionsführer Lenin am Tisch mit Bundeskanzler Kreisky.

Weil er die traditionsreiche Café-Konditorei übernommen und zu einer Zentrale für die Sozialdemokratie gemacht hat, bleiben viele Stammkunden entrüstet fern. So spuckt zum Beispiel der Schriftsteller Alexander Lernet-Holenia durch die offene Kaffeehaustür ins Lokal hinein und schreit: „Es ist ja nicht nur die Auslage kommunistisch, das ganze Lokal ist ja kommunistisch!« Udo nimmt es wie ein Offizier und sagt: »Ich verstehe den Lernet-Holenia, weil der aus einer anderen Zeit stammt, aber die Spucke und der Boden ergeben zusammen ja auch eine Verbindung.«

Es ist jetzt zehn Uhr in der Nacht. Udo hat nur einen Gast: mich. Ein altes Tonbandgerät nimmt unser Gespräch auf. Ich stelle meine Fragen. Es ist das erste Interview, das ich mit ihm führe.

»Frag mich alles, was du wissen willst!«, sagt er – und leise setzt er nach: »Ich will nicht, dass du mich für einen Mörder hältst.« Udo humpelt zum Gasherd und macht Spiegeleier für uns: »Es sind die Bandscheiben. Manchmal ist es so arg, dass ich fast nicht gehen kann. Eine Verletzung vom Fallschirmspringen. Und der Kummerspeck erleichtert die Sache auch nicht gerade.«

Wir essen gemeinsam aus einer Pfanne und trinken Champagner aus Wassergläsern.

»Du wirst auch immer fetter«, sagt er zu mir. »Außerdem musst du mit der Scheiß-Raucherei aufhören. Das macht dich nur hin.«

»Und was ist mit deiner Sauferei?«

»Was soll damit sein? Ich habe es mir von einem Tag auf den anderen abgewöhnt: Das Saufen macht dich einsam, man ist dann kein Mensch mehr, sondern nur noch ein Haufen Scheiße. Man probiert aus, wie lange man durchhält, aber irgendwann muss man die Welt wieder an sich heranziehen, sonst ist es vorbei.«

»Und der Champagner?«

»Der zählt nicht. Das ist nur französische Witwen-Pisse!«

Udo frisst wie ein Schwein. Keine Manieren, der Kerl. Und früher hat er solo so viel gesoffen wie die beiden Haudegen Ernest Hemingway und John Huston im Duo. Udos Bruder Rüdiger hat mir einmal erzählt, dass er Ende der 1960er Jahre einen Anruf vom Flughafen Wien-Schwechat bekommen hat: Udo Proksch sitzt total besoffen und verkrampft in einer *AUA*-Maschine aus Deutschland und ist nicht wach zu kriegen: »Ich habe ihn fast nicht aus dem Flugzeugsessel befreien können, weil er sich so fest angeklammert hat. Außerdem hat er aus dem Mund geblutet. In seinem Wahnsinnsrausch hat er sich fast die halbe Zunge abgebissen.«

Jetzt räumt Udo das Besteck und Geschirr weg. Die Schuhe mit den dicken Sohlen knarren am Parkett, die graue Hose schlottert um seine Beine, das Polohemd zeigt Haare auf der Brust. Sieht so einer aus, der die besten Kontakte der Republik hat; der als Partylöwe das europäische Jetset amüsiert und Geschäfte in Millionenhöhe abwickelt? Einer, der allein in den 1960er Jahren Umsätze von umgerechnet mehr als zehn Milliarden Euro vermittelt hat? Keine alltäglichen Geschäfte allerdings …

An Udos Hüfte hängt die ewige Pistole im braunen Lederetui. Manchmal hat er »Angst«, sagt er. »So wie die Dinge stehen.« Wenn er schläft, »liegt die Pistole unter'm Kopfpolster. Geladen und griffbereit.«

Und nach einer Weile erklärt er mir: »Das ist ein Krieg. Und es ist mein Krieg. Dieser Kampf geht bis zum bitteren Ende, und das kann mein Ende sein – inzwischen zweifle ich gar nicht einmal mehr daran. Auf der einen Seite der Herr Udo, der den Rechten in diesem Land so manche politische Niederlage bereitet hat. Auf der Gegenseite eine Versicherung, die noble Geschäfte mit der Kirche macht und als Finanzquelle der Konservativen gilt. Das Spiel Schwarz gegen Rot ist also in vollem Gange. Ich will nur eines nicht: dass meine Freunde und Mitarbeiter verfolgt werden; dass sie meine Frauen verfolgen, ich hab' halt nun einmal mehrere Frauen. Haben s' mehr zum Verfolgen. – Ich verrate dir ein Geheimnis: Die Liebe ist wunderschön, aber der Tod soll auch sehr schön sein. Und eines weiß ich ganz genau: Seit ich auf der Welt bin, trainiere ich das Sterben.«

Eine junge langbeinige Frau, die High Heels trägt, kommt plötzlich in den *Club 45* hereingeschlichen. Sie setzt sich neben Udo und schmiegt sich an ihn. Sie ignoriert mich. Er ignoriert sie.

»Es ist ganz einfach«, raunt er mir zu. »Ich habe Ideen und verführe Leute dazu, diese Ideen zu verwirklichen. Im Wesentlichen geht es dabei um Industrieanlagen und um Plastik. Und ja: Dabei ist eine Menge Geld zu verdienen, aber das Geld interessiert mich nicht als Besitz, sondern nur als Werkzeug, um die Dinge zu verändern. Man kann die Welt weder verbessern noch verschlechtern. Man kann nur versuchen, so viel Macht zu bekommen, dass man die Dinge in Bewegung hält und nicht dazu verurteilt ist, selbst andauernd bewegt zu werden. Geld ist wie ein Segel im Wind. Es macht einen unabhängig von den Schweinereien, von der Knechtschaft, von der Dekadenz dieser Welt. Geld ist der sechste Sinn. Ohne Geld sind die anderen fünf Sinne sinnlos.«

Die Frau lehnt jetzt ihren Kopf lächelnd gegen Udos Schulter, und ich sage zu ihm mit einem Lächeln: »Ich glaube, es ist besser, wenn ich jetzt gehe!«

Aber: Strich durch die Rechnung, weil auf einmal der Jazzer Chet Baker trompetend hereintänzelt, gefolgt von einer Handvoll aufgekratzter Fans. Seeeeehr aufgekratzt. Seit 30 Jahren ist er auf Heroin und schaut auch so aus. Sein Gesicht ist eine Freude für jeden Schwarzweiß-Fotografen. Udo ist schon lange begeistert von seinem Jazz und hat ihn für einen privaten Auftritt im Club engagiert. Baker begrüßt ihn freundschaftlich-herzlich und beginnt *Almost blue* zu spielen. Rein, klar und ohne Schnörkel sind seine Töne. Leise und fein. Schlanker Jazz, pure Melancholie. Sein Gesang ist zerbrechlich, wie ein Hauch. Sein Hirn ist vollgestopft mit *Speedballs*, immer wieder zieht er seine spezielle Heroin-Kokain-Melange in sich rein, aber er spielt trotzdem wie ein Gott. Udo lauscht andächtig.

Am Freitag, dem 13. Mai 1988 fällt Baker aus einem Fenster des Zimmers Nr. 210 im zweiten Stock des alten 3-Sterne-*Prins-Hendrik-Hotel* in Amsterdam. Tod einer Legende.

»Sad about Chet«, lässt mich Udo in einem Brief wissen.

»Not all good things come to an end / Now it is only a chosen few / I've seen such an unhappy couple / Almost me. / Almost you. / Almost blue …«

Der *Geselligkeitsverein Club 45* gilt als eine Art sozialdemokratische Freimaurerloge. »Ich glaube«, sagt Udo in einem der vielen Gespräche, die ich mit ihm geführt habe, »dass der *Club 45* all den jungen Leuten gedient hat, die nach 1945 noch keine richtige ideologische Tendenz gehabt haben. Die englischen Clubs waren halt die besten. An ihren Gepflogenheiten wollte sich der *Club 45* orientieren. Nicht dass die Sozialisten deswegen alle Maßschuhe getragen hätten wie der Kreisky, aber sie haben halt ordentliche Schuhe und Anzüge angehabt und versucht, wie brave Bürger auszuschauen, was ich persönlich ja immer abgelehnt habe. Mit dieser Partie hätte ich gerne schon viel früher aufgeräumt. Im Club herrscht Kultur und Politik und gesellschaftliches Leben, auf alle Fälle Qualität. Und der Club hat die *ÖVP* wahnsinnig gereizt, weil ich es den Neureichen gestattet habe, den traditionsreichen *Demel* zu ihrer Heimat zu machen. Und das haben die mir natürlich nie verziehen.«

In der geheimnisvollen roten Loge verkehren zum Beispiel die *SPÖ*-Politiker Franz Vranitzky, Fred Sinowatz, Hannes Androsch, Leopold Gratz, Karl Blecha, Heinz Fischer, Helmut Zilk, Karl Lütgendorf sowie zahlreiche andere und lassen den Herrgott einen guten Mann sein. Ebenfalls dabei sind Spitzenmanager von Banken, Versicherungsgesellschaften und der verstaatlichten Industrie sowie Journalisten, Künstler, Spitzenbeamte, Ärzte, Anwälte und Richter, Polizisten und Spione.

Rückblickend sagt Burgschauspielerin, Sängerin und Autorin Erika Pluhar auf ihrer Homepage: »Ja, er hat ›vernetzt‹. Aber daraus wurde letztlich das Netz, das ihn einfing und umbrachte. Wobei nicht mehr zu zählen scheint, wie vielen Menschen er zu erfolgreichen Wegen verholfen, wie vielen er geholfen hat, dass es so viele gibt, die ihm ihre Existenz verdanken, weil er ›vernetzte‹, also ihnen Verbindungen und Ideen schenkte, ohne selbst etwas davon zu haben außer seiner eigenen Freude daran.«

Bundeskanzler Kreisky war vor allem an den Süßigkeiten im Club interessiert. Die hat er, laut Udo, »nicht bloß auf einen Sitz gegessen, sondern gefressen. Leute mit Hirn brauchen eben mehr. Dass ich den Kreisky damals durch die *Geschichten vom Dr. Kreisky* in eine gewisse Richtung gebracht habe, ist ja bekannt. Das waren Zeitungsinserate mit Statements von Austro-VIPs und einer persönlichen Wahlempfehlung für Kreisky und die *SPÖ*. Ich weiß ja, wer damals diese ganze Wahlwerbung finanziert hat, und sonst weiß es niemand, nicht einmal der Kreisky selbst. Und ich weiß, welcher Schlag das für die *ÖVP* war! Und ich weiß auch, dass ich die zweite Wahl vom Kreisky gerettet habe, weil ich das finanzielle Problem des UNO-Konferenzzentrums aus der Wahl herausgehalten habe. Die Leute haben gesagt: ›Wos brauchma des? So eine UNO-City kostet doch nur Geld und bringt nix. Wenn der Kreisky das will, dann soll er es selber zahlen, dafür wähl' ich ihn sicher nicht!‹ Und dann habe ich die *Sheraton*-Gruppe geholt und *ITT* und die arabische Finanzierung. Da war ich dahinter. Das hat Österreich nicht einen einzigen Schilling gekostet. Und wenn ich das damals nicht gemacht hätte, dann wären eineinhalb Millionen Wähler nicht auf der Seite vom Kreisky gewesen, und auch damit habe ich mir Feinde gemacht, und die revanchieren sich jetzt dafür. Die Schwarzen würden mich am liebsten lebenslang da drinnen im Häf'n am Scheißhaus sitzen sehen.«

Ich lehne mich ohne Vorwarnung überraschend weit aus dem Fenster und frage Udo neugierig: »Und was ist das für eine Geschichte mit den Pornofotos? Alle sagen, hier treffen sich die *Club-45*-Männer mit ihren schlampigen Verhältnissen und werden beim Sex heimlich fotografiert und dann bei Bedarf von dir mit Fotos erpresst?«

»Geh bitte …«, lacht er. »So etwas würde doch niemanden interessieren.«

Und dann sagt er: »Ja, es gibt Nackt-Fotos. Kompromittierend sind die aber nicht, sicher nicht für Politiker, außer vielleicht die Aufnahmen von Lütgendorf in Mykonos: Der Herr Minister sitzt dort nackt und allein am Strand. Oder der Kreisky in der Badehose bei einem Scheich in der Wüste, wo eben die Scheichs zu Hause sind und wo sich der Kreisky im Geheimen mit Arafat getroffen hat. Also Kreisky und Arafat in Badehosen, das könnte als Pornografie missverstanden werden. Aber die gewissen Fotos, die alle Spitzenpolitiker und ihre Geliebten auf- und übereinander im *Club 45* zeigen … ich weiß nicht einmal, ob es solche Fotos gibt. Das hätten die Journalisten halt gerne! Ich hatte nie die Ehre, einen Politiker nackt zu sehen, außer meinem Vater, in seiner politischen Zeit vor 1945. Da schaute der aber auch noch besser aus als heute. Ein Zittern in der politischen Welt ist wegen dieser Pornos also kaum zu erwarten. Nicht einmal bei den Damen der Politiker, denn die sind ja, wie wir alle wissen, nicht nach meinem Geschmack, und ich bin sicher, die würden so etwas auch nicht tun. Ich habe zu meiner eigenen Freude Aktfotos von diversen Frauen, mit denen mich die Erinnerung an schöne Stunden verbindet. Man kann bei den meisten Bildern nicht einmal die Gesichter erkennen. Aber welcher Mann hat so etwas nicht? Nicht zuletzt dafür wurden ja auch die *Polaroid*-Kameras erfunden.«

Dass ausgerechnet Bruno Kreisky und die *SPÖ* jedoch direkt von Nacktfotos profitieren, die dabei behilflich sind, in den 1970er Jahren Nationalratswahlen in Österreich zu gewinnen, ist weitgehend unbekannt: Am 1. März 1970 feiert die *SPÖ* einen historischen Wahlsieg, der Kreisky zum Kanzler einer *SP*-Minderheitsregierung macht. Danach folgen am 10. Oktober 1971, am 5. Oktober 1975 und schließlich am 6. Mai 1979 drei weitere Wahlen, die der *SPÖ* eine absolute Mehrheit bringen. Doch jeder Wahlkampf kostet auch eine Menge Geld. Und mit dieser Erkenntnis kommen nun die Nacktfotos ins Spiel, denn das *SPÖ*-Budget für die Nationalratswahlen in den 70ern ist äußerst dürftig.

Im Rahmen der 1968er-Bewegung erlebt die Gesellschaft eine große Veränderung. Die sexuelle Revolution setzt der bigotten Prüderie der 1950er Jahre ein Ende und ist auch auf dem Zeitschriftenmarkt ganz deutlich spürbar. Sex sells!

Der deutsche *Heinrich Bauer Verlag* erkennt den Trend sehr früh und bringt Ende der 1960er Jahre neben konservativen Frauenmagazinen (mit Rezepten und Strickanleitungen) nicht nur die Fußballzeitschrift *Kicker* und die Jugendzeitschriften *twen* sowie *Bravo* auf den Markt. Jede Woche erscheinen bunte Illustrierte wie *Quick*, *Wochenend*, *sexy*, *praline*, *Neue Revue* und *Das Neue Blatt*. Jeder einzelne Titel verkauft eine Million Exemplare pro Woche. Viele locken ihr Publikum mit Abbildungen junger hübscher nackter Frauen auf der Titelseite (und auch im Blattinneren). Und 1971 holt sich der Verlag auch noch die Lizenz für eine deutsche Ausgabe des berühmten amerikanischen Häschen-Magazins – von *Playboy*-Chef Hugh Hefner höchstpersönlich. Mit dieser modernen Strategie wird Heinrich Bauer zum größten deutschen Zeitschriftenverleger.

Nun ist Österreich im Vergleich zu Deutschland ein relativ kleiner Markt, doch auch hier will der Verlag Umsätze machen, und auch die Österreicher wollen die Hefte mit den nackten Tatsachen konsumieren. Das verbieten aber die Gesetze, die im Unterschied zur BRD keine zur Schau gestellten weiblichen Brustwarzen im Handel dulden. Um in Österreich dennoch präsent zu sein, müssen die deutschen Verlage ihre eigenen Druckwerke zensurieren und vor der Auslieferung in die Alpenrepublik Heft für Heft ganze Seiten herausreißen oder mit schwarzer Farbe Zensurbalken über den verbotenen Stellen anbringen. Das kostet viel Zeit und noch mehr Geld – und selbstverständlich auch Auflage, weil ja vor allem Männer an den Nacktbildern interessiert sind und zensurierte Magazine viel seltener kaufen. Also: Was tun?

Der lebenslustige Holländer Heinz van Nouhuys ist von 1968 bis 1976 Verlagsdirektor bei Bauer und außerdem ein guter Bekannter von Udo Proksch. 1973 gerät er in die BRD-Schlagzeilen, weil er vom Hamburger Magazin *Stern* als Spion der DDR und ehemaliger Ost-West-Doppelagent geoutet wird – ein Fall, der die Gerichte bis 1987 beschäftigt, am Ende jedoch ohne Ergebnis sein Ende findet. Der *Stern* ist längst mit den Nachbeben der gefälschten Hitler-Tagebücher beschäftigt.

Jedenfalls kreieren van Nouhuys und Proksch im Jahr 1971 für den *Heinrich Bauer Verlag* und die *SPÖ* eine Win-win-Situation.

»Der Verlag hat beschlossen, Kreiskys Wahlkampf finanziell zu unterstützen, und er hat uns im Gegenzug versprochen, im Falle eines Wahlsiegs die idiotischen

Gesetze endlich abzuschaffen, damit wir unsere Zeitschriften ungehindert verkaufen können. Und so ist es dann ja auch gekommen«, erzählt mir Heinz van Nouhuys Anfang der 1980er Jahre in München, als er das elitäre Kulturmagazin *TransAtlantik* verlegt: »Ich bin damals mehrmals mit einem Koffer voller Geld nach Wien gefahren.«

Kreisky hält Wort und sorgt gegen den Widerstand der katholischen Kirche für ein neues Gesetz und für nackte Tatsachen auf dem österreichischen Zeitschriftenmarkt. 1975 gibt er aus Dankbarkeit für die großzügige Wahlkampfhilfe dem deutschen *Playboy* sogar ein Interview. In der Einleitung notiert Heinz van Nouhuys: »Der rote Habsburger, der dem Volk genau aufs Maul schaut, antwortet stets ohne Groll. Wenn er den Hörer auflegt, hat er meist einen Wähler mehr.«

Apropos »roter Habsburger« … Udo erzählt mir eine Geschichte aus den Anfängen seiner *Demel*-Zeit: »Mein ehemaliger Flügeladjutant, die alte Frau Grete, die bei meinem Corps an die 25 Jahre treu und redlich dient, fragte mich eines Tages sehr spitz: ›Wollen der Herr Udo, dass wir der Kaiserlichen Hoheit, der Frau Zita in der Schweiz, und der Kaiserlichen Hoheit, dem Herrn Doktor Otto am Rand des Starnberger Sees zu Weihnachten ein süßes Päckchen schicken, weil wir das immer so gemacht haben? Die Kaiserliche Hoheit hat uns einen Brief voll des Lobes über den guten *Demel-Eduscho-Kaffee* geschrieben.‹« Da antwortet ihr der Herr Udo: »Ja, ja, schicken wir dem Otto und der Zita je ein Weihnachtspackerl. Und übrigens, Frau Grete, behandeln sie mir meine Freunde, den Herrn Bürgermeister und auch den

Herrn Doktor Kreisky, gut.« Daraufhin sagt sie ihrem neuen Chef: »Wir müssen haben ein besonderes Verhältnis zu Herrn Bundeskanzler Kreisky. Ich habe schon bei ihm serviert, und er hat schon bei uns verkehrt, da ist er grad aus der Emigration aus Schweden zurückgekommen.«

»Wann und warum war denn der Herr Kreisky in der Emigration?«, fragt Udo voller Unschuld die Grete.

»Ja, wissen S' denn nicht, Herr Udo, der war erstens ein Jude und zweitens ein Sozialist. Ich bin ja selbst eine Sozialistin wie all die anderen alten Damen hier, und wir bekennen uns auch dazu.«

Ziviler Ungehorsam ist angesagt. Ich erinnere mich noch sehr gut an die Besetzung der Donau-Au bei Hainburg im Dezember 1984. Ein Kraftwerk soll gebaut werden, man will einen unberührten Urwald roden, bei Stopfenreuth wird mit den Arbeiten begonnen. Naturschützer und ihre prominenten Gefolgsleute (wie zum Beispiel der »Auleiter Günter Nenning«, der damals mit einem Hirschgeweih vor die Presse tritt) wollen das unbedingt verhindern, sie besetzen am 8. Dezember die Au und verhindern weitere Rodungen. Am 19. Dezember kommt es zu einem heftigen Polizeieinsatz mit Schlagstöcken, rund 800 Polizei- und Gendarmeriebeamte gehen gegen die 3.000 Besetzer vor. Es gibt 19 Verletzte, darunter ein italienisches Fernsehteam. Auch Kameraleute des *ORF* sind von der Exekutive behindert. Am selben Abend bildet sich eine spontane Demo von 40.000 Menschen in Wien, die gegen das Vorgehen der Regierung und den Kraftwerksbau protestieren.

Danach läutet bei mir in der Wohnung um vier Uhr in der Früh das Telefon und reißt mich aus dem Schlaf. Ich hebe ab und höre seine Stimme: »Hello, Boy. Ich bin's, der Udo!«

»Was??? Weißt du nicht, wie spät es ist? Ich hab' schon geschlafen.«

»Zum Schlafen hamma kaa Zeit … Komm zu mir in den *Club 45*, ich brauch' dich als Augen- und Ohrenzeugen.«

»Wann?«

»Jetzt. Sofort.«

Also krabble ich doch tatsächlich aus dem Bett und fahre mit meinem *Renault R5* durch die Dunkelheit in die City. Es ist kalt und unwirtlich. Dezember. Winter eben.

Udo hat im Club eingeheizt und macht Kaffee und Ham and Eggs für mich. Und wenig später geht die Tür auf, und Hans Dichand kommt herein. Er reibt sich die Hände. Der Herausgeber der *Kronen Zeitung*, die sich in den letzten Wochen gegen den Kraftwerksbau und für die Erhaltung der Stopfenreuther Au stark gemacht hat: »Wenn wir von etwas überzeugt sind, treten wir auch dafür ein. Das heißt aber nicht, dass wir nicht auch Leserbriefe oder Kolumnen gegen unsere Meinung bringen. Ich glaube, um als Korrektiv wirken zu können, muss man Kraft entwickeln. Deshalb führen wir Kampagnen. Wir neigen zur Liberalität und zum Umweltschutz«, sagt der ehemalige Chefredakteur und Verlagsleiter der steirischen *Murtaler Zeitung*, die nach dem Krieg auch der Kommunistischen Partei KPÖ gehört. Im Krieg hat Dichand übrigens nur mit sehr viel Glück einen Schiffsuntergang überlebt.

Proksch und Dichand begrüßen einander respektvoll wie gute Freunde. Ich gähne ein »Guuuuu'n Morgen.«

Zehn Minuten später ist der zweite Gast des Morgengrauens im Club: Karl Blecha, der *SPÖ*-Innenminister, der den blutigen Polizeieinsatz in der Au befohlen hat und jetzt, laut Proksch, anscheinend plant, »das Bundesheer dorthin zu schicken. Bist du wahnsinnig? Das sind doch unsere Kinder da unten.«

Blecha gibt sich stur: »Solange ich Innenminister bin, werde ich alles tun, dass in Österreich keine anarchischen Zustände eintreten, dass Gesetze respektiert werden und Recht Recht bleibt.«

Jetzt weiß ich, was Udo am Telefon mit »Augen- und Ohrenzeuge« gemeint hat. Ich halte brav den Mund und mache mir ein paar Notizen. Die wichtigen Herrschaften nehmen mich gar nicht so richtig wahr. Es ist ein Hin und Her, bei dem am Schluss auf Udos Bitte zwischen Blecha und Dichand ein »Weihnachtsfrieden« vereinbart wird. Die *Kronen Zeitung* fährt die Kampagne für die Au ein bisschen zurück, und Blecha lässt Polizei, Gendarmerie und Militär in den Kasernen. Jeder gibt jedem die Hand, und die Besucher verlassen den Club. Niemand hat das Gesicht verloren.

Udo ist zufrieden und öffnet grinsend eine Flasche Champagner.

Am 21. Dezember 1984 beschließt die österreichische Regierung einen Rodungs-Stopp für die Au. Am 22. Dezember verkündet Bundeskanzler Fred Sinowatz »einen Weihnachtsfrieden«. Tausende Menschen verbringen die Weihnachtsfeiertage in der Au und feiern mit den Au-Besetzern einen Weihnachtsgottesdienst. Anfang Jänner 1985 erklärt der Verwaltungsgerichtshof weitere Rodungen für unzulässig, danach wird die Besetzung beendet. Seit 1996 gehört die Hainburger Au zum Nationalpark Donau-Auen. Eine kleine Lichtung wird die *Blecha-Wiese* genannt, und nach der Brücke beim Forsthaus Stopfenreuth findet man den *Hans-Dichand-Stein*.

Aber das ist schon soooo lange her und scheint heute gar nicht mehr wichtig zu sein.

// Moment! Haben Sie alles im Kasten? //

In den Katakomben

Ich bin nie ein Freund des Schriftstellers und Menschendarstellers Helmut »Quasi« Qualtinger gewesen. Ich war immer ein ehrlicher Bewunderer. Vor allem sein kluges Credo »Manchmal weiß ich nicht: Bin ich ein Mensch oder ein Wiener?« hat es mir angetan. Sein Tod, am 29. September 1986, löst bei mir eine große Erschütterung aus. Sie hätte auch bei einem engen Freund nicht heftiger sein können.

Damals treffe ich, wie so oft, Udo Proksch zu Mittag im *Club Gutruf* bei der Peterskirche. Auch er ist in Trauer. Udo und Qualtinger verbinden seit Jahren viele Aktionen, so hat er 1969 gemeinsam mit dem »Quasi« den *Verein zur Förderung der Senkrecht-Bestattung* gegründet. Udo schätzt an Qualtinger, dass er gegenüber allen Organisationen, Parteien und Gesellschaftssystemen sehr zurückhaltend und äußerst vorsichtig war: »Immer wieder vergleiche ich ihn mit Orson Welles, nicht nur weil er dick war, sondern auch weil er das notwendige Misstrauen gegenüber der Macht hatte. Welles hat *Xanadu* für seinen Film *Citizen Kane* geschaffen, dieses seltsame Schloss mit den tausend Stimmen und Figuren. *Quasi* hat Wien, das *Gutruf* und auch uns geschaffen.«

Und als Trost für mich findet er damals außergewöhnlich poetische Worte: »Wenn der *Quasi* neben einem gesessen ist, dann war er wie eine große, fette Wolke, eine brüllende, zischende, lachende, weinende Wolke. Aber jetzt hat sie sich verzogen. Wie traurig ist ein Tag ohne Wolke! Denn erst die Wolke macht den Himmel!«

Der *Club Gutruf* ist in einem ehemaligen Wohnhaus von W. A. Mozart beheimatet. Seit 1947 ist er ein Teil der

Wiener Kulturgeschichte und ein legendärer Hotspot, der – laut Stammgast und Ex-Bürgermeister Helmut Zilk – Ende der 1960er »aus versicherungstechnischen Gründen ›warm abgetragen‹ worden ist.« Dazu erklärt der ehemalige Wirt Hannes Hofmann, der als einer der Vorlagen des Monologs *Der Herr Karl* gilt, in einem Interview mit mir: »A Kerz'n is' umg'fall'n!«

Herbert Lackner und Thomas Riegler erzählen im *Profil* vom 19. Mai 2012 von einer unbekannten Qualität dieses Etablissements: »Das Lokal sieht fast immer noch so aus wie damals in den siebziger Jahren: Die vom Zigarettenqualm gegerbten Wände, die kleinen Tische, das legendäre Hinterzimmer. Aus den *Adabei*-Spalten der Zeitungen ist das *Gutruf* in der Wiener Milchgasse aber schon lange verschwunden. Damals hatten sich hier die in den ersten Nachkriegsjahrzehnten groß gewordenen Künstler und Schreiber zum Erfinden, Schmäh-Scheiben und Saufen versammelt: Helmut Qualtinger und Gerhard Bronner, die Maler Markus Prachensky, Josef Mikl, Adolf Frohner und Franz Ringel, die Journalisten Thaddäus Podgorski, Günther Broscheit und Reinhard Tramontana, der Star-Karikaturist Erich Sokol, die Stadt-Originale Udo Proksch, Fatty George, Otto Kobalek und Helmut Zilk. (...) Als Patron dieser illustren Partie fungierte seit 1972 ein kleiner, kräftiger Mann mit großem Schnauzbart. Er hieß – wie passend für einen Wirt – Rudolf Wein. Amüsiert munkelte man im Lokal, der Rudi habe etwas mit Spionage zu tun, was der 1930 geborene Sohn einer jüdischen Wiener Schneider-Familie, der sich zeitlebens als Kommunist bezeichnete, gern neckisch kommentierte. ›Spionage? Den Begriff verwende ich nicht. Aufklärertätigkeit für ein sozialistisches Land war für einen Kommunisten Klassenkampf auf höherer Ebene‹, sagte Wein.«

Rudi Wein, der als Kind im KZ war, und Udo Proksch, der als Kind bei der Nazi-Elite in die Schule gegangen ist, haben nach einem gemeinsamen Besuch der kommunistischen Moskauer Jugendfestspiele im Jahr 1957 bereits Mitte der 1960er Jahre hervorragende Kontakte zur Sowjetunion und zu den »sozialistischen Bruderländern«, vor allem aber zur DDR, und sie gründen High-Tech-Firmen (*Kibolac, Rudolf Sacher Inc.* und *Lylac*) zum Zweck des Technologie-Transfers.

Solange sich Spionage-Aktivitäten nicht gegen die Republik Österreich richten, hat die Gesetzgebung nichts dagegen, wenn in Österreich spioniert wird. In Wien, das als Drehscheibe der internationalen Nachrichtendienste gilt, folgen die Aktivitäten der Spioninnen und Spione seit den 1950er Jahren den Strategien des »Kalten Krieges«. Umtriebige Ost-Agenten versuchen, als Touristen, Geschäftsleute oder Diplomaten getarnt, wertvolle Fakten zu sammeln, zum Beispiel über die neuen Verteidigungskonzepte des österreichischen Bundesheeres, Stichwort »Spannocchi-Doktrin«, benannt nach dem Armeekommandanten und Präsidenten der *Arbeitsgemeinschaft Katholischer Soldaten*, Emil Spannocchi, der die Erfahrungen der US-Armee in Vietnam studiert und unsere Raumverteidigung neu definiert hat.

Generalmajor Anton Oschep, ehemaliger Leiter des österreichischen Abwehramtes, weiß, wie damals spioniert wird: »Auf der Donau waren immer wieder Frachtschiffe mit Antennenwäldern zur Funk- und Radaraufklärung zu beobachten. Als Diplomaten akkreditierte Mitarbeiter fremder Nachrichtendienste operierten von den Botschaften und Konsulaten – in der Fachsprache der Nachrichtendienste als *Legalresidenturen* bezeichnet –

und warben österreichische Staatsbürger, darunter auch immer wieder Angehörige des Bundesheeres und der Heeresverwaltung, als bezahlte Informanten an. Diese Personen lieferten die gewünschten bzw. eingeforderten Informationen nicht immer freiwillig. Ein erheblicher Teil davon wurde auch mit kompromittierendem Material aus dem Privatleben zur Zusammenarbeit gedrängt.« Manchmal führte die Spioniererei auch zum Tod …

In jedem Menschenleben ist der Tod ein ständiger Begleiter, aber in Wien zeigt er sich lustvoll und mit spielerischer Penetranz. Die Autorin Hanne Egghardt bringt es auf dem touristischen Online-Portal *austria.city-tourist.de* perfekt auf den Punkt: »Dass die Wiener im Vergleich zu anderen Großstädtern eine besonders enge Beziehung zum Tod haben, ist zwar ein Klischee – aber ausnahmsweise eines, das stimmt: Die Todessehnsucht hat in Wien Heimatrecht. Beim Heurigen kippt die sprichwörtliche Wiener Gemütlichkeit gern in eine abgrundtiefe Tod-Traurigkeit, der Zentralfriedhof ist eines der größten Naherholungsgebiete der Stadt. Die sterblichen Überreste der Angehörigen des Kaiserhauses ruhen in Grüften, in denen ein eleganter Hauch von Ewigkeit weht. Und ganze Museen mit Kuriositäten und Skurrilitäten rund um den Tod, der laut einer bekannten Heurigenmelodie sogar selbst ein Wiener ist, verbreiten wonnige Schauer.«

Ich habe noch nie jemanden kennengelernt, der so exzessiv die Nähe des Todes gesucht und auch darüber gesprochen hat wie Udo Proksch. Vor diesem Hintergrund verwundert es nicht, dass er mir eines Tages vorschlägt, der Hitze des Sommers zu entfliehen und in die Michaelerkirche in der Nähe des *Demel* zu gehen. Aber nicht einfach in die Kirche, sondern in die darunter liegende Gruft.

Ich weiß nicht, warum, aber Udo hat einen eigenen Schlüssel für die Gruft und kann theoretisch rund um die Uhr an sieben Tagen in der Woche die Nähe zu Gebeinen, Totenschädeln und alten Särgen aus Holz und Zinn suchen – und finden.

»Oft schlief ich unten in der Michaelerkirche, wenn ich allein sein wollte«, sagt Udo. »Auf den alten Bänken über kahlen Mauern. Die Schönheit der Michaelerkirche zwang mich immer wieder, zu ihr zurückzukehren. Das Gefühl, das mich in dieser Kirche umgab, konnte ich an keinem Ort finden, ja nicht einmal in den Armen einer geliebten Frau. Hier war übrigens das Herz der Gräfin Karoline von Fuchs-Mollard beigesetzt, das aber verschollen ist. Die Gräfin war als Erzieherin am Hof, wurde von Maria Theresia ›meine Füchsin‹ genannt und als einzige Nicht-Habsburgerin in der Kapuzinergruft beigesetzt. Die Kaiserin ließ eine Tafel anbringen: ›Zum unsterblichen Angedenken eines wohlwollenden dankbaren Herzens für die edle Erziehung zur Tugend. Ich, Maria Theresia.‹ Doch das Herz wurde nicht dort beigesetzt, sondern in der Gruft unter der Michaelerkirche. Die Herzen der echten Habsburger liegen ja in der ›Herzerlgruft‹ in der Augustinerkirche.«

Wir sind einige Male stundenlang zu zweit und ungestört da unten und reden über das Leben. Umgeben von den schauerlichen Mumien, die mit schrecklich verzerrten Gesichtern aus leeren Augenhöhlen bei mir eine Zeitlang für beklemmende Träume sorgen.

Während solcher Gespräche bin ich (nicht nur in der Gruft) oft sehr überrascht, was für ein aufmerksamer

Zuhörer der Udo sein kann und wie zärtlich, freundschaftlich, fürsorglich und behutsam er seine Worte an mich richtet. Er ist hilfsbereit und feinfühlig, empathisch und rücksichtsvoll, sentimental und humorvoll.

Wir reden über unsere Eltern und die Frauen, über Erdwärme-Gewinnung, das Zeitungsmachen und Chet Baker, über das neue Nachtleben im Wiener *Bermuda-Dreieck* und schöne sorglose Tage, die wir auf griechischen Inseln verbracht haben, er auf Mykonos, ich auf Folegandros.

Diese Gespräche sind intensiv und inspirierend und meistens viel zu kurz. Denn eigentlich hat »der Herr Udo« keine Zeit. Er brennt an allen Ecken und Enden lichterloh. Ist rastlos und ständig unterwegs. Kann Stillstand nicht leiden. Führt das Leben eines Rockstars und lebt mehrere Leben gleichzeitig. Und alles scheint immer zu wenig zu sein. Viel zu wenig. Und das tut weh. Das Leben tut weh. Schon früh hat er erkannt: König Alkohol hilft nur für kurze Zeit. Drogen hasst er, die locken ihn nicht. Aber Sex schon. Sex ist gut und lindert den Schmerz. Sex als Fluchtstrategie. Das funktioniert. Zumindest eine Weile. Und zwischendurch kommt die Angst, die Angst vor der Angst, die er unbedingt bekämpfen will, weil er weiß, dass die Angst lähmend ist.

Die Gesellschaft ist humorlos, im Gegensatz dazu kommt Udo mitunter spöttisch daher und verspielt. Er ist ein Performer, ein Entertainer, ein Spaßmacher und Provokateur. »Ich bin ein Clown und sammle Augenblicke«, heißt es im Roman *Ansichten eines Clowns* von Nobelpreisträger Heinrich Böll, in dem es um Tabus, Anarchie, Heuchelei und den Wert einzelner Augenblicke geht. Doch Udo ist, anders als Bölls Romanheld, kein passiver Beobachter der Welt. Er ist ein Beweger, im Tun und Denken grenzüberschreitend, und er erkennt die Freundschaft und das Lachen als politische Kategorie.

Eines seiner liebsten Bücher ist *Der Steppenwolf* von Hermann Hesse. In einem Brief an seinen Schweizer Mäzen Georg Reinhardt erklärt der Dichter, worum es in seinem Buch geht: »Es ist die Geschichte eines Menschen, welcher komischerweise darunter leidet, dass er zur Hälfte ein Mensch, zur andern Hälfte ein Wolf ist. Die eine Hälfte will fressen, saufen, morden und dergleichen einfache Dinge, die andere will denken, Mozart hören und so weiter, dadurch entstehen Störungen, und es geht dem Mann nicht gut« – bis er entdeckt, dass es nur zwei Auswege aus seiner Lage gibt, nämlich entweder sich aufzuhängen oder sich zum Humor zu bekennen, denn anscheinend hat er im »Spiel des Lebens« die Illusion mit der Wirklichkeit verwechselt und wird darum mit seiner Hinrichtung bestraft, die darin besteht, ausgelacht zu werden. Erst jetzt versteht er, was er falsch gemacht hat, und nimmt sich vor, das »Spiel des Lebens« nächstes Mal besser zu spielen und das Lachen zu lernen.

In den Wandnischen der Gruft liegen Knochen und Schädel. Vor 1784 wurden in der Michaelergruft bis zu 4.000 Tote bestattet, danach waren Bestattungen in Grüften aus hygienischen Gründen verboten. Der Boden der 19 Gruftkammern ist ein festgestampftes Gemisch aus Erde, Moder und menschlichen Knochen, ungefähr eineinhalb Meter dick. Udo und ich gehen also in der Michaelergruft im wahrsten Sinne des Wortes über Leichen.

// Tempo! Tempo! Tempo! Die Dreharbeiten müssen gut vorbereitet sein, damit alles schnell, gut und professionell abläuft. Für jeden *Cam-Shot* hier unten wird eine Viertelstunde nötig sein. Das Licht ist ein Problem, weil es sehr düster ist. Aber Sie werden zugeben, dass so eine Location ein wunderbares Film-Set ist. Die Atmosphäre in der Michaelergruft ist einzigartig in Wiens Unterwelt.

»Und Action ...« //

»Dass ich und meine Freunde heute so gejagt werden, ist ja vor allem auch Politik«, flüstert Udo und setzt sich auf den Rand eines alten Sarges, der mit einem Totenschädel und einem Blumenkranz bemalt ist. »Wenn ich nicht diese Geschichte am Hals hätte, dann könnte ich mich um ganz andere Sachen kümmern. Da wäre der Waldheim keine fünf Minuten länger Bundespräsident. Ich hätte mir ja für dieses Land gewünscht, dass der Kreisky Bundespräsident wird und nicht der Waldheim – den sie jetzt behandeln wie einen Kriegsverbrecher. Was war er denn, der Herr Waldheim? Ein Beamter! Ein Beamter in Uniform. Aber ein paar Leute in der SPÖ, vor allem junge, haben geglaubt, sie können was ändern, wenn sie die Kriegsgeneration beleidigen. So geht das aber sicher nicht. Der Kreisky hat mich gefragt: ›Herr Udo, hätten Sie einen Gewerkschafter, der meine Kandidatur für die nächste Bundespräsidentenwahl unterstützt?‹ Na ja, und der Karl Sekanina war Vorsitzender der *Gewerkschaft Metall-Bergbau-Energie* und einer der Vizepräsidenten des Gewerkschaftsbundes – und der hätte eine Kreisky-Kandidatur mit seinem Einfluss in der Gewerkschaft sehr gerne unterstützt. Und was war dann? Den Sekanina haben sie auf einmal angepatzt und verhaftet und davongejagt wie ein Viech – man weiß ja heute, dass der gar nicht so schuldig war, wie immer behauptet wurde. Und ziemlich genau zur gleichen Zeit, im Februar 1985, haben s' mich zum ersten Mal in U-Haft genommen und eingesperrt. Später einmal hat der Kreisky zu mir gesagt: ›Ja, glauben Sie denn, dass das ein Zufall war, dass der Sekanina und Sie gleichzeitig drangekommen sind? Die ÖVP hat ganz genau gewusst, dass der Waldheim nicht Bundespräsident werden kann, wenn Sie einmal zu zündeln anfangen und die Gewerkschaft bei der Bundespräsidentenwahl für mich stimmt.‹ Der Kreisky hat das gecheckt. Und die ÖVP auch. Klar. Und deswegen wollen mich diese Leute jetzt vernichten.«

Als seine Angestellten im *Demel* am 15. Februar 1985 von seiner Festnahme erfahren, hängen sie als Zeichen ihrer Solidarität eine schwarze Fahne aus dem Fenster. In einer gemeinsamen Erklärung stellen sie fest, dass sie »von der Unschuld des Herrn Udo« restlos überzeugt sind.

»Zwei Wochen später wurde Udo Proksch aus der Haft entlassen, es waren ominöse Unterlagen aufgetaucht, die angeblich seine Unschuld bewiesen. ›Alle Menschen, die mich kennen‹, sagte Proksch, ›haben eine solche Tat in keiner Sekunde für möglich gehalten‹«, notiert Eva Sudholt in der deutschen Zeitung *Die Welt.*

In seinem Buch *Land der Skandale* schreibt Wolfgang Fürweger: »Er war ein Freund von Bundeskanzler Bruno Kreisky, hatte zumindest eine Zeit lang beste Kontakte zum Kreml, besaß ein sowjetisches Dauervisum und stand später im Verdacht, Informant des sowjetischen *KGB* und der ostdeutschen Staatssicherheit gewesen zu sein. Gleichzeitig verkehrte er mit den Kennedys und den Diktatoren von Uganda und Libyen, Idi Amin und Muammar al-Gaddafi. (…) Hans Pretterebner, der Proksch auch persönlich gut gekannt hat, glaubt, ›der Udo‹ habe sich von der *Stasi* inspirieren lassen. Der berüchtigte DDR-Geheimdienst, zu dem der *Demel*-Besitzer ja beste Kontakte unterhalten haben soll, organisierte durch Versicherungsbetrügereien wiederholt wertvolle Devisen für den Arbeiter- und Bauernstaat.«

»Sag einmal, Udo, was ist denn das für eine Tätowierung?«, frage ich ihn bei einem unserer Ausflüge in die Michaelergruft. In früheren Zeiten lassen sich vor allem Seeleute, Ausgestoßene und Kriminelle tätowieren. Drei kleine schwarze Punkte, auf dem Handrücken zwischen Daumen und Zeigefinger, angeordnet wie die Spitzen eines gleichseitigen Dreiecks, sind ein äußeres Zeichen und eine Botschaft an die Gesellschaft. Heute kommen Tattoos als Mode daher, und die drei Punkte sind bei vielen Jugendlichen Ausdruck eines unkonventionellen Lebensstils oder der Zugehörigkeit zu einer Gang und stehen oft für den spanischen Slogan *Mi vida loca*: »Mein verrücktes Leben.« Wenn es sich eindeutig um ein Knast-Tattoo handelt, dann ist auch die Bedeutung *Kill the cops* (»Tod den Bullen«) weit verbreitet.

Meistens aber stehen die drei Punkte für Loyalität und bedeuten: »Nichts sehen. Nichts hören. Nichts sagen.« Seine Wurzeln hat diese Parole in Japan. Sie bezieht sich auf eine alte Sage, in der drei Affen den Göttern über die Menschen Bericht erstatten sollen. Mizaru, der erste Affe, hält sich die Augen zu. Kikazaru, der zweite Affe, hält sich die Ohren zu. Iwazaru, der dritte Affe, hält sich den Mund zu.

Udo hat schon lange vor seiner Haftstrafe auf dem linken Handrücken drei Punkte tätowiert und unterfertigt auch viele seiner Briefe mit drei Punkten. Als Erklärung sagt er: »Nichts sehen. Nichts hören. Nichts sagen. Verrat ist keine Option.«

Udo auf der Flucht

19. März 1988. Ich sitze in einer 747 der *Philippine Airlines* auf dem Rollfeld des Flughafens Frankfurt am Main und warte auf den Start von Flug 735. Ich bin unterwegs nach Manila. Immer wieder schaue ich mich im Flugzeug um und hoffe, dass die Polizei von meiner Story nichts weiß. Ich habe ein Rendezvous mit Udo Proksch, der seit gut einem Monat auf der Flucht ist und von der Interpol in 146 Staaten der Welt gesucht wird, wie die österreichischen Zeitungen schreiben.

Ein paar Reihen hinter mir nehmen zwei Kerle aus Wien Platz, die mich an Dick & Doof erinnern. Aber Dick & Doof auf gefährlich: Kreppsohlen, Trenchcoats, glatte Lederjacken, protzige Uhren. Polizisten oder Berufsdetektive. »Höchstens vier Tage«, sagt Dick und stopft seinen Trenchcoat in das Gepäckfach über seinem Sitz. Doof nickt und sagt etwas zu seinem Co, und ich verstehe das Wort »Schubhaft«. Dann lachen beide sehr laut.

Habe ich jetzt zwei Kletten an mir dranhängen oder geht es um etwas ganz anderes? Abwarten und Bier trinken. Hoffentlich kann ich ein bisschen schlafen. Immerhin 11.922 Kilometer oder fast 16 Flugstunden liegen vor mir.

Vor ein paar Tagen hat nachts bei mir das Telefon geläutet: »Hello Boy! Ich bin's, der Udo.« Mächtiges Knacken und Rauschen in der Leitung, Wortfetzen, Geschrei von Kindern im Hintergrund. Seit Tagen rätseln die Zeitungen, wo »der kleine Dicke« aufgeschlagen ist – in Tokyo, Manila, Baguio, Rio de Janeiro, Kenia oder vielleicht gar im Piestingtal?

»Ich sitze in Manila«, sagt er. Elf Uhr am Vormittag ist es jetzt dort.

»Die in Wien wollen mich ins Gefängnis werfen. Reden wir darüber.«

// Für Ihren Film können Sie jetzt eine schnell geschnittene Montage historischer Bilder aus den Archiven vorbereiten … //

Wenn ich Langstrecken fliege, passiert mir das immer wieder: Fieber! Aber diesmal ist es schlimmer als sonst. Heiß, heiß, heiß. Viel zu heiß. Das Hemd klebt auf meinem Körper, und die Augen werden von den spitzen Schnäbeln unsichtbarer Vögel malträtiert. Eine Flugbegleiterin schwebt vorbei und bringt mir Tee und *Aspirin*. Meine Sitznachbarin ist eine junge Chinesin. Sie wischt behutsam den Schweiß von meiner Stirn und flüstert mir etwas zu, »你是个可怜 的战士«, aber leider verstehe ich kein Wort. In meinem rosafarbenen Wahn kommt sie mir wie ein Schutzengelin vor, die neben mir hockt und meine Augen vor den unsichtbaren Raubvögeln und meine Seele vor den Dämonen der Vergangenheit beschützen will. Das Sonnenlicht fährt mit schmalen blitzenden Klingen ins Flugzeug – wie die großen Messer, die ein Magier in die schwarze Box schiebt, um seine Assistentin in appetitliche Häppchen zu zerlegen. Meine Schutzengelin kann die Dämonen nicht vertreiben, sie kommen als grob gerasterte graue Figuren daher: lebendig gewordene Pressefotos, die ich als Kind in den Zeitungen sehe und nicht verstehen kann. Wie Geister tanzen sie jetzt um mich herum. Ganz Asien breitet sich vor meinem Flugzeugsitz aus und schickt Blitzlichter aus der Vergangenheit. Grinsende bewaffnete Männer in Uniform, die in den *Killing Fields* von Kambodscha stehen, umgeben von Tausenden Totenschädeln als Trophäen. Dazwischen liegt Udo Proksch in der Uniform eines Wiener Kaffeehauskellners tot im *Gatsch*. Gleich daneben werden philippinische und amerikanische Soldaten von den japanischen Truppen auf Bataan gefangen genommen und auf ihren Todesmarsch geschickt. Dann erkenne ich das kleine weinende nackte Mädchen Phan Thi Kim Phuc, das eine holprige Landstraße entlangläuft und von amerikanischen Napalmbomben verwundet worden ist; und die französischen Fallschirmjäger von Dien Bien Phu, die ihre Schlacht verloren haben: eine niedergeschlagene Truppe, hoffnungslos und gedemütigt. Auch der Polizeichef von Saigon ist da, der direkt vor der Kamera eines Reporters einem Vietcong in den Kopf schießt; gleich dahinter entdecke ich den jungen GI mit der weichen Schachtel *Camel*-Zigaretten am Stahlhelm-Band, der mit einem *Zippo*-Feuerzeug ein ganzes Dorf in Brand steckt. Und bevor ich bibbernd in einen unruhigen Schlaf falle, ahne ich in ein paar Reihen vor mir den Mönch Thich Quang Duc, der sich aus Protest gegen den Krieg selbst verbrennt.

Die Stewardess lächelt und serviert kühles Bier. Und irgendwann schlafe ich zum Glück ein.

Schweißnass und mit rasendem Herzen werde ich Stunden später beim Landeanflug wach. Ich trinke eine Flasche kribbelndes französisches *Perrier*-Mineralwasser. Der Fieberkopf ist weg. Mein Hemd ist noch feucht vom Schwitzen. Hab' ich schon gesagt, dass ich Fliegen hasse?

Der Betrieb am *Aquino International Airport* ist die Hölle. Hunderte Passagiere, die nach draußen wollen, sechs Beamte, die sich mit den Reisepässen kühle Luft zufächern. An der Decke wabert ein Ventilator wie der Rotor eines Helikopters in Francis Ford Coppolas *Apocalypse Now*, und die *Doors* singen dazu: »*This is the end, my friend …*« Dick & Doof sind nirgends zu sehen. Vor dem Hauptportal springe ich in ein Taxi, keuche »*Manila Hotel*« und beobachte den Straßenverkehr: Um mich herum toben Radfahrer, Busse, LKWs und jede Menge kleiner *Toyotas*. Die Sperrlinien sind nur so zum Spaß aufgemalt.

Das *Manila Hotel* ist ein piekfeines Fünf-Sterne-Hotel mit 550 Zimmern direkt an der Manila Bay. Die Absteige ist am 4. Juli 1912 zum Gedenken an die amerikanische Unabhängigkeit am Bonifacio Drive eröffnet worden. Hier sind die Büros einiger ausländischer Zeitungen gewesen, darunter auch die *New York Times*. In der Zeit von Präsident Ferdinand Marcos wird die alte *Manila Hotel Company* liquidiert, und Imelda mit ihren 1.200 Paar Schuhen krallt sich die Hütte. Zwei Jahrzehnte lang ist die Frau des Diktators, Imelda Marcos, oft in den Hotelrestaurants zu finden. Wenn sie kommt, werden ein roter Teppich und rote Girlanden weggeräumt und die Räumlichkeiten mit Deodorant beduftet. Imelda sorgt dafür, dass das Hotel internationale Anerkennung und Auszeichnungen erhält.

Ich weiß: Udo ist der First Lady der Philippinen total verfallen. Mit ihr hat er am Wiener Opernball getanzt: »Diese Frau war eine der stärksten Persönlichkeiten, die ich je kennengelernt habe. Der *Eiserne Schmetterling* – von mir schlicht ›Madame‹ genannt. Sie wusste von meiner Flucht durch ihre Tochter und durch diverse Telefonate, die die *CIA* nicht kapern konnte. Ich bewunderte immer ihre Macht, ihre Schönheit und ihre Schauspielkunst, ihren

Mut und ihre Stimme. Mein Verhältnis zu ihr war von allem Anfang an wie das der Stadt Pompeji zum Vulkan. Und was wäre Pompeji ohne den Vulkan? Nie dachte ich an ihre Figur, an die Beine, den Busen und alles andere, was mir sonst bei einer Frau so wichtig ist. Sie war für mich wie Musik. Ich hatte mit ihr kein Verhältnis, das irgendetwas mit Geld, Liebe oder Sex zu tun hatte. Ich hatte absolutes Vertrauen zu ihr. Ich glaube, ich liebte sie wie eine Mutter. Man denkt bei einer so großen Frau in anderen Dimensionen«, erzählt er. »Ich habe viel Schreckliches über sie gehört. Alles Scheiße! Diese Frau ist so gut wie ein ehrlicher Kreisky und zwanzigmal besser. Sie ist was Besonderes. Sie liebt Maria Theresia, Habsburg und die Monarchie.«

Mamma mia! Aber alles hat ein Ende: Die Herrschaft von Ferdinand Marcos zerbricht nach 20 Jahren im Februar 1986 durch die *People Power Revolution*, bei der sich Hunderttausende auf der Straße versammeln. Die Proteste der Massen führen nach drei Tagen zur Flucht des Marcos-Clans nach Hawaii. Die Witwe des ermordeten Oppositionellen Ninoy Aquino, Corazon Aquino, übernimmt nach einer Meuterei von Teilen der Armee die Präsidentschaft auf den Philippinen.

Zurück zum Hotel. Vor dem Tor zum Grundstück patrouillieren private Securitys. Gleich daneben wohnen Dutzende obdachlose philippinische Familien mit kleinen Kindern in großen Kartons. Hellbraune Verpackungen von asiatischen Fernsehapparaten und Waschmaschinen. *Les Miserables*. Sie sind Verlierer mit toten Augen. No way out. Dass Marcos seit zwei Jahren weg und Aquino da ist, hat ihnen rein gar nichts gebracht. Am Ende werden sie vermutlich auf einem Armenfriedhof verscharrt.

Vielleicht begleitet sie ja auf ihrem letzten Weg der bucklige buddhistische Bettelmönch, der neben der Zufahrt zum *Manila Hotel* steht und die Ankommenden mit großem Interesse mustert. Erst später werde ich erfahren, dass dieser Mönch Udo Proksch in einer seiner zahlreichen Verschleierungen ist: »Es war die perfekte Tarnung! Udo Proksch wandert als Bettelmönch herum! Ich suchte mir zwischen einigen Büschen neben der Landstraße zur Küste ein geeignetes Versteck. Dort grub ich mir eine kleine Höhle in den Boden und gestaltete mir ein Fuchsloch. Ich kleidete die Höhle mit Plastikplanen aus, versteckte meine Reisepässe, das Geld et cetera und errichtete mir im Erdloch einen kleinen Altar mit einer Buddha-Statue, hinter der ich Kerzen, Räucherstäbchen und ein paar Handgranaten versteckte. Meinen Revolver band ich mit einer Schnur um meinen Bauch unter der Mönchskutte fest. Mit Blei goss ich einen Bambusstock aus, um im Notfall sofort eine Waffe zu haben. In diesen Tagen lebte ich hauptsächlich von Reis und Kokosnüssen und humpelte bettelnd durch die Dörfer. Ich hatte mir ein Jux-Gebiss aus Plastik in den Mund gesteckt: entsetzlich wirkende, halb verfaulte Zähne. Touristen gaben mir hie und da mit mitleidigen Blicken einen Dollar, manchmal sogar fünf, und fragten mich über die Lehren des Buddhismus aus. Ich hatte mich damit schon eingehend beschäftigt und konnte in gebrochenem Englisch befriedigende Auskünfte geben. Ich glaube, für junge Menschen aus den Städten wäre es sehr lehrreich, ein paar Monate auf diese Art zuzubringen. Man lernt das Leben von einer ganz neuen Seite kennen, wenn man Augen und Ohren offen hält. Einmal bekam ich großes Heimweh und pilgerte zur österreichischen Botschaft. Ich stellte mich vor das Gebäude. Vielleicht wollte ich nur wieder einmal diese vertraute Sprache hören, aber dann kamen zwei österreichische Beamte heraus, und sie sagten doch tatsächlich viele Dummheiten über einen gewissen Udo Proksch, und in diesem Moment verflog mein Heimweh sehr schnell.«

Ich sehe den Mönch bei der Zufahrt zum Hotel, aber ich erkenne ihn nicht.

Gleich beim Betreten der Lobby werde ich an die gute alte grausame Kolonialzeit erinnert. Es gibt satte lebende Palmen in großen Töpfen, tote hohe Palmen aus Kristallglas, unterwürfige philippinische Hotelpagen mit Handschuhen, helle Messingleuchter und stets geputzte Bogenfenster sowie strahlende Lampen, in deren Schirme Perlmutt eingelegt ist. Die begehrtesten Zimmer bieten einen traumhaften Blick auf die Manila Bay und den berühmten stimmungsvollen Sonnenuntergang.

Einchecken im *Manila Hotel*. Ich frage, ob es eine Nachricht für mich gibt. Und, ja, tatsächlich: eine Nachricht von Udo. Ich soll im Hotelzimmer um 18.00 Uhr auf einen Anruf warten. Ich warte und warte und glotze auf die Bucht, in der graue amerikanische Kriegsschiffe vor Anker liegen. Umsonst gewartet. Niemand ruft an. Der *Tap Room* ist die legendäre Hotelbar, die wie ein traditionelles englisches Pub gestaltet ist, glamourös und raffiniert, mit dunkler Holzdecke und Wandtäfelungen sowie weichen Sesseln und Schwarz-Weiß-Fotos an den Wänden. Gesalzene Erdnüsse, Klaviermusik und ein Martini mit Wodka. Hier kann man bei weichem Live-Jazz und harten Drinks die Zeit vergessen. Ich schaue mich um und entdecke im Halbdunkel US-Präsident Richard Nixon und die Beatles, den Schauspieler Marlon Brando, die

Sängerin Gloria Estefan sowie *Apollo-11*-Astronaut Neil Armstrong – und schließlich mich selbst, im Spiegel hinter der Theke.

Der Barkeeper erklärt mir, dass auf dem Barhocker, auf dem ich sitze, der alte Ernest Hemingway gesessen ist, der geschrieben hat:

»Wenn eine Story gut sein soll, dann muss sie so sein wie das *Manila Hotel.*«

Plötzlich werde ich von der Seite von einem total verschwitzten, unangenehm riechenden Kerl in einem bunten Hawaii-Hemd auf Schweizerisch angesprochen: »Guata Amd. Freut mi, di z'treffa. S'Läbe häd vier Sinn: liäbe, liede, kämpfe, gwünne! Wer liäbt, lidet; wer lidet, kämpft; wer kämpft, gwünnt! Also liäb viel, liid wenig, kämpf gnueg, gwünn immer! – Österreicher?«

Darauf ich: »Ja.«

»Ich häd gehört, dieser Udo Proksch ist hier.«

»Sind Sie Journalist?«

Der total verschwitzte, unangenehm riechende Kerl im bunten Hawaii-Hemd lacht: »Journalist? Hahaha. Ja. Das gefällt mir: Ich bin Journalist. Und? Isser hier?«

»Ich bin grad erst angekommen.«

»D Ohren ufmache! Passen Sie auf, dass Sie keinen Unfall haben! Manila ist gefährlich«, flüstert der total verschwitzte, unangenehm riechende Kerl im bunten Hawaii-Hemd.

»Und für Sie ist es nicht gefährlich?«, frage ich ihn zweideutig.

»Ich han mich scho guet uf d' Philippina igläbt und chume au scho äs bitzli mit dä Sprach z'recht. Ich han au scho Fründe gfunde«, sagt er, schiebt eine Handvoll Erdnüsse in seinen Mund und geht schnell ab. Sicherheitshalber bestelle ich noch einen Martini.

Später. Ein Anruf mitten in der Nacht. Ich werde aus dem Schlaf gerissen. Udo ist am Telefon und er wirkt ein bisschen *dulliöh*. Er kündigt mir einen vertrauenswürdigen Fahrer an, der mich gegen Mittag mit einem Mercedes vom Hotel abholen und wegen des Interviews zu ihm bringen wird: »Ich bewege mich auch hier auf den Philippinen zwischen den Fronten. Manchmal finde ich bei den kommunistischen Rebellen Unterschlupf, dann helfen mir alte Freunde der Marcos-Familie, und irgendwie kann ich auch auf Anhänger von der Frau Aquino zählen. Aber nicht nur in Österreich können sich Freunde plötzlich als Feinde entpuppen. Weil ich über Geld und Freunde verfüge, ist es nicht schwer, mir immer wieder die nötigen Infos zu beschaffen. Ich weiß sehr wohl, dass eine *Interpol*-Fahndung läuft, das haben mir meine Leute erzählt, und sie haben mich gewarnt, dass ich nicht direkt ins Büro von Interpol gehen soll. Was ich eh nie vorhatte. Sie sagten mir, dass ich nicht unter meinem Namen reisen sollte, was ich sowieso nicht tat. Ich hänge eigentlich nicht besonders an meinem Namen, und für mich ist jeder Name irgendwie auch mein Name.«

In der Früh sind Kamera und Tonbandgerät überprüft und einsatzbereit. Ich warte vor dem Hotel auf den versprochenen Fahrer und schau mich um: Plötzlich – neiiiiin, bitte nicht! – entdecke ich Dick & Doof mit Sonnenbrillen. Sie sitzen hinten in einem schmierigen zivilen Polizeifahrzeug mit getönten Scheiben, haben die Fenster runtergekurbelt und beobachten mich. Vorne sitzen zwei Filipinos in Zivil. Endlich kommt der von Udo geschickte Fahrer, er trägt einen weißen Barong und eine hellgraue Hose, und ich steige in den frisch gesäuberten duftenden Mercedes mit Klimaanlage. Langsam fahren wir los, rein ins Gewühl der Stadt – und das zivile Polizeifahrzeug hinter uns setzt sich ebenfalls in Bewegung. Wir verlassen das Hotelgelände, vorbei an den Kartons mit den Elenden, in Richtung Norden. Mein Fahrer beobachtet im Rückspiegel die Verfolger, er ist per Funk dauernd mit jemandem in Kontakt. Der Fahrer versucht die lästigen Wanzen abzuschütteln, aber Dick & Doof und ihre Begleiter bleiben dicht hinter uns. Mein Fahrer hält bei einem öffentlichen Telefon. Er telefoniert. Dann winkt er mich zu sich. Udo ist dran: »Sie sind dir auf den Fersen. Zu gefährlich. Wir verschieben den Termin. Lass dich ein bisschen verwöhnen.«

Wir steigen wieder ins Auto und fahren los: »Mister Udo hat gesagt …«

Der Fahrer hat den Auftrag, mich zu einem modernen Bordell zu bringen. Dort sitzen circa 30 junge halbnackte Mädchen auf dem Präsentierteller. Eine schöner als die andere. Jede von ihnen hat eine mit Lippenstift aufgemalte Nummer auf der linken Schulter. Die chinesische Puffmutter ist eine siebensüße Kröte und sagt, ich soll mir eine ihrer Huren aussuchen, der Fahrer gibt ihr ein Büschel Banknoten im Voraus: »Alles ist bezahlt!«

Nach einer Weile wähle ich die schüchternste junge Filipina mit der Nummer 23 aus und werde mit einem Lift zu einem Zimmer in einem oberen Stockwerk gebracht. Ein paar Minuten später kommt das Mädchen mit Massage-Ölen und Getränken ins Zimmer und hat Angst. Die schüchterne Filipina heißt Etang, ist erst seit ein paar Tagen hier im Fünf-Sterne-Puff in Manila und hat noch keinen Freier gehabt. Sie fürchtet sich und will alles richtig machen. Aber ich beruhige sie: »No Sex!« Wenn ich so ein armes Menschlein sehe, werde ich nicht geil. No way. Entspannung. Aber es ist nur eine Frage der Zeit, schon bald werden ihre verspielten Mädchenträume nur noch eine vage Erinnerung sein. Aber nicht heute und nicht bei mir. Sie lächelt und macht mir einen Drink. Nach einer Weile klopft die siebensüße Kröte an die Türe: ob »everything okay« und das Mädchen brav ist. Ich gebe mich enthusiastisch, verlängere um drei weitere Stunden und sage: »She is a very nice girl!« Ich ärgere mich, dass mich Udo in diese Situation manövriert hat – und auch wieder nicht. Die Kleine zeichnet mir auf einer Serviette ihr Elternhaus und alle Tiere auf, die es dort gibt. Wir schauen gemeinsam *MTV*, tanzen zur Musik und verbringen eine lässige Zeit miteinander, ohne viel zu reden.

Später steige ich mit Etang aufs Dach. Von oben schauen wir über das rosarote Manila im Sonnenuntergang. Etang holt aus einem Versteck auf dem Dach eine Schachtel mit *magic mushrooms*. Sie steckt sich ein paar in den Mund und füttert mich damit. Ich warte darauf, dass die Pilze Wirkung zeigen, aber nichts passiert. Dann schlucke ich noch eine vegetarische Portion aus dem hübschen Zauberkästchen – und auf einmal saust ein großer Flugsaurier ganz knapp an meinem Kopf vorbei, vier bis fünf Meter lang. Ich kann spüren, wie der Wind meine Haare zerzaust, und sehe, wie der Flugsaurier über dem Dach seine Kreise zieht. Zum Abschied gibt mir Etang einen herzhaften Kuss auf die linke Wange – und übergibt sich. Sie speibt einen Regenbogen. Da ist mir der Saurier schon lieber. Mit einem Taxi fahre ich zurück zum Hotel. Der Taxifahrer hat die Musik laut aufgedreht. Ich stehe im Auto und rage mit meinem Oberkörper aus dem Schiebedach. Der Wind tanzt in meinem Gesicht. Ich tanze im Takt der Musik. Und der lässige Flugsaurier am Himmel begleitet die Taxifahrt bis zum Hotel. Abends im *The Manila Hotel's Red Jade Restaurant* vergnüge ich mich allein und ganz entspannt an einem Tisch mit *Chinese fine dining*: verschiedene Vorspeisen, geröstete Taube, Garnelensalat und marinierte Quallen mit Chilipaste. Dazu eine Karaffe mit kaltem *Wong Lo Kat*. Chinesischer *Almdudler*.

Auf einmal setzen sich Dick & Doof zu mir. Links und rechts. Zwei illustre Gestalten. Doof schaut aus wie eine Ratte und sollte sich die Zähne richten lassen. Dick trinkt anscheinend über den Durst und hat rosarote Wangen. Ich kann mir nicht vorstellen, dass sie echte Polizisten sind. Eher was Privates. Versicherungsdetektive oder sowas. Sie bestellen *Tsingtao*-Bier beim Kellner und beginnen, *good cop & bad cop* zu spielen. Doof ist »der Gute« und versucht, mich mit Geld zu locken und zum Verrat zu bewegen. Dick droht mir: Ich sei wegen Begünstigung und Komplizenschaft dran und werde bald ins Gefängnis kommen.

»Dort kannst du dann immer nach dem Duschen *Ring of Fire* singen«, lacht Dick mit einem Funkeln in den Augen. »Du weißt schon: die Analsex-Hymne von Johnny Cash. *And it burns, burns, burns. / The ring of fire. / The ring of fire ...*«

Beide nehmen sie mich in die Zange. Drecksfiguren.

Ich stehe auf und gehe in mein Hotelzimmer. Was ist denn da los? Jetzt reicht es aber schön langsam. Jemand ist hier gewesen und hat alles durchwühlt. Diese Unordnung ist offenbar eine Warnung. Und jetzt werde ich auch noch attackiert – vom total verschwitzten, unangenehm riechenden Kerl im bunten Hawaii-Hemd, der mit einem

Schweizer Offiziersmesser hektisch vor meinem Gesicht herumfuchtelt: »Wer liäbt, lidet; wer lidet, kämpft; wer kämpft, gwünnt! Wo ist Udo?« Er weiß offenbar nicht, dass ich in den letzten Monaten wieder mit dem Boxtraining begonnen habe, und so spucke ich ihm ein »Geh scheißen, Oida!« entgegen und salutiere ihm zwei harte Rechte vom schlecht gelaunten Linksausleger. »Freut mi, di z'treffa«, sage ich ihm noch, aber da ist er schon aus dem Zimmer draußen und sucht mit eingezogenem Schwanz das Weite. Ich schaue ihm irritiert nach und weiß bis heute nicht, wer das gewesen ist.

Udo wartet auf mich, erzählt mein Fahrer mit dem weißen Barong am nächsten Morgen und bringt mich mit dem duftenden Mercedes mit Klimaanlage ans andere Ende der Stadt: zu ihm. Er ist jetzt kein buddhistischer Bettelmönch, sondern der Udo, mit Verbänden im Gesicht und am rechten Unterarm.

»Hello Boy«, sagt er schwitzend. »Schön, dass du da bist.«

»Die Flucht steht dir gut«, sage ich. »Du hast ein paar Kilos verloren!«

»Ja! Und du hast sie gefunden«, antwortet Udo grinsend und zwickt mich in den Bauch.

»Warum bist du bandagiert?«, frage ich, und er antwortet: »Eine Allergie. Es ist ja kein Geheimnis, dass man körperlich viel verwundbarer ist, wenn es einem seelisch schlecht geht. Ich habe keinen Unfall gehabt, sondern einen Ausschlag bekommen, der nur sehr schwer wegzukriegen ist, darum schau' ich wie eine Mumie aus. Aber deswegen bin ich jetzt nicht hier. Es geht um meine Rückenwirbel und die Bandscheiben, und ich fühle mich bei einem Wunderheiler sehr gut aufgehoben. Diese Ärzte und ihre Techniken sollte man nicht unterschätzen. Menschen aus der ganzen Welt kommen hierher, um sich von *faith heelers* behandeln zu lassen. Und das ist eine sehr faszinierende Geschichte. Ich lege mich auf ein Bett, entspanne mich, und der Arzt beginnt, mich ganz langsam an bestimmten Punkten des Körpers zu bearbeiten. Auf einmal ist überall Blut, es fühlt sich so an, als hätte der Arzt seine bloßen Hände in meinem Körper drinnen, aber es tut nicht weh. Nachher fühlt man sich völlig entspannt, wie nach einer perfekten Massage, dann wird man furchtbar müde und will nur noch schlafen.«

Ich begleite Udo zu seiner Behandlung in *Dr. Magno's Manila Health Center* und mache Fotos für meine *Basta*-Story und Filmaufnahmen für *Spiegel TV*. Die Action findet vor Publikum statt. Eine Handvoll Menschen schauen dabei zu, wie das Blut fließt. Udo liegt auf dem Bett, regungslos, und in seiner rechten Faust steckt ein hölzernes Kruzifix. Nach einer Viertelstunde wischen die Assistenten des Arztes das Blut weg, und es sind überhaupt keine Wunden zu sehen, nicht einmal ein Kratzer. Ein leises Raunen samt »Ooooooh« und »Aaaaaah« geht durch die Sitzreihen mit den Zuschauern.

Vermutlich wird bei so einer Wunderheiler-Therapie eine gute Zauber-Show mit Schweineblut geboten. Und Udo spielt dabei mit, um spektakuläres Material für die Medien zu liefern.

Spektakulär ist auch das neue Gesicht von Udo. Hier leistet ein erfahrener plastischer Chirurg ganze Arbeit: Seine Augen-Partie wird tätowiert, damit sie dunkler wirkt. Auch neue buschige Augenbrauen werden ihm verpasst. Außerdem muss an seiner Nase und den Wangen einiges verändert werden. Das führt zu einem insgesamt schlankeren Gesicht, zu dem die schmalen Augen gut passen. Dann erhält er noch einen dunkleren Teint, farbige Kontaktlinsen, Vollbart und Toupet. Fertig. Ich hätte ihn nicht erkannt. Und ich habe auch nicht gewusst, dass seine Bandagen nichts mit einer Allergie zu tun haben, sondern die ersten Spuren und Nähte des Gesichtschirurgen verdecken sollen.

Er hat Heimweh, sagt er. »Mir tut ja nur leid, dass ich nicht zehn Jahre jünger bin. Dann würde nämlich meine ziemlich rambohafte Erscheinung da drüben auftauchen, das kann ich dir sagen ...« Eigentlich möchte er Österreich – außer zur Beendigung dieser Causa – nicht mehr sehen. »Ich möchte dieses Land eigentlich nur noch als Besatzungssoldat betreten. Und ich garantiere, dass dieses Land besetzt wird, denn Österreich ist ja nicht fähig, sich selbst zu regieren. Das merkt man ja! Leider hab' ich das in den letzten Jahren immer wieder gesehen, da waren sehr gute Ansätze da, sehr gute Politiker. Aber was hat man mit ihnen gemacht? Man hat sie alle in den Dreck gezogen. Alle wurden besudelt. Ein jeder ist ein Parasit, ein jeder ist ein Dieb, das ist doch Blödsinn! Um an der Macht zu sein und an der Macht zu bleiben, braucht man eben Geld. Du musst deiner Favoritener Bezirksorganisation 500.000 für eine Wahl geben ... und Plakate und Luftballons ... und man muss das und das finanzieren. Von irgendwo muss dieses Geld ja herkommen! – Ich würde am liebsten von Österreich und auch von diesem ganzen Schiffsuntergang nichts mehr hören und sehen. Ich will am liebsten hier in Asien bleiben und von mir aus auch sterben, weil ich ja eh nichts mehr tun kann.«

Mit einem vier Stunden langen Tonbandinterview in der Tasche fliege ich nach Hause. Die Acht-Seiten-Story in der Illustrierten *Basta* ist eine Sensation. Journalisten und Anwälte machen Interviews mit mir. Und offenbar beginnen sich jetzt auch die Geheimdienste für mich zu interessieren. Vor meinem Wohnhaus steht Tag und Nacht ein weißer Lieferwagen. Von einer Freundin, die in einem ganz bestimmten Amt arbeitet, bekomme ich den Hinweis, dass mein Telefon abgehört wird. Das wundert mich nicht. Es knackt in der Leitung. Zwei Wochen, nachdem die Proksch-Story veröffentlicht ist, wird mir nachts auf der Straße von einem jungen, gutgekleideten, dunkelhaarigen Mann neben meinem Auto ein Revolver auf die Brust gesetzt.

»Hör' auf, dich um den Udo zu kümmern!«, sagt er. »Das geht dich nichts an.«

Allmählich werde ich paranoid. Also besorge ich mir eine .357er Magnum und werde seeeeeeeehr vorsichtig. Trotzdem kann ich nicht verhindern, dass in meiner Wohnung eingebrochen wird. Es fehlt nichts – nur ein paar Fotos von Udo und das Tonband aus Manila. Zum Glück sind es nur Kopien.

Ich packe ein paar Sachen zusammen und fahre für ein paar Wochen nach Italien.

Heimkehr

Hongkong International Kai Tak Airport. 1. Oktober 1989. Udo legt seine maroden Beine auf den Tisch und studiert die Hongkong-Zeitungen, bis ihm schräg gegenüber eine Frau mit großen dunklen Sonnenbrillen auffällt, die er kennt. Und wenn auch sie ihn kennt: Gefahr!!! Er sitzt mit dunkler Brille, weißer Seidenhose und weißer Jacke und einem guten (weil neuen) Gesicht in einer Nische gegenüber.

»Nicht einmal, wenn ich es mir heute aussuchen könnte, möchte ich mein altes, allzu bekanntes Gesicht wieder haben, denn als ich in der Welt unterwegs war, sah ich aus wie ein Filmschauspieler, und manchmal haben mich die Leute mit Gregory Peck verwechselt – oder zumindest haben sie so getan«, wird er mir später bei einem meiner Besuche im Gefängnis augenzwinkernd erzählen.

Mit der Selbstverständlichkeit der Ewigreisenden interessiert sich die Frau mit den großen dunklen Sonnenbrillen für ihre Umgebung. Udo rätselt. Sie lässt sich zwei doppelte Scotch bringen. Zwei Doppelte! Allzu bekannt kommt sie ihm vor, aber er kann sich nicht erinnern, wo und ob er ihr schon einmal begegnet ist.

»Mein Gehirn«, berichtet mir Udo, »dachte in asiatischen und südamerikanischen Rhythmen, dann fiel es mir aber doch ein. Natürlich: das Biest! Die Dame war die Frau, die allen Männern alles brachte – vor allem Unglück. Ich las, scheinbar an ihr desinteressiert, in meinen diversen Zeitungen und trank noch eine *Bloody Mary*. Ich hatte meine Brille auf und sah mit meinem linken Auge, wie sie mich kritisch in Augenschein nahm. Was könnte das für eine abenteuerliche Geschichte ergeben: Udo

Proksch und Joan Collins. Sie zog die Jacke aus, und ich akzeptierte die kleine Freiheit meiner Augen sofort. Die seidene Bluse schwang ganz eng um all das, was ich schon ohne Bedeckungen in einem ihrer Filme gesehen hatte. Und ich stellte mir ihre Brüste vor, die voll und üppig unter dem Stoff wippten. Ein schöner, runder, großer Busen mit harten Rosinen als spitzer Abschluss. Man hat sie schon sehr intim gesehen. Man ist ja eigentlich bekannt mit ihr, sogar befreundet. Man hat sie gern. Sie bemerkte meinen verstohlenen Blick und schaute mich irgendwie scharf an wie ein Wachhund. So ungefähr: ›Na, was willst du denn, du kleiner Köter?‹ – ›Nix da, gnä' Frau, Köter bin ich keiner, ich bin auf der Flucht wie Casanova vor seinen Gläubigern. Sie wollen mich in die Bleikammern sperren.‹ Und weiter und ungeniert ließ ich meine Augen auf der Lady weiden. Weil eine Frau nicht nur aus Brillen, Haaren, Falten und Busen besteht, schaute ich mir die Hände an, sie waren gefährlich groß, riesengroß. Ich dachte an ein Handschellendesign für sie aus Silber oder, noch besser, aus Platin mit einem Schlüssel aus Rhodium, weiß und mit meinem Namen drauf: *In Love, Fredl Semrad*. Ich lachte in mich hinein. Die Dame nahm die Brille ab, und ich sah unglaubliche Augen, ganz dunkel. Der Kreisky hätte sich sofort verliebt, aber er war leider nicht da. Die Beine soooooo lang und in klassischen Stöckelschuhen. Wann hatte ich das letzte Mal High Heels an einer bemerkenswerten Frau gesehen? Schlapfen, Sandalen aus Bambus, Matten oder Autoreifen. Ja. Aber High Heels? Strümpfe? Nein! Sie legte die langen Beine vor sich hin wie ein edles Essbesteck am noblen Hof zu England. Ihre dunklen Haare, meine Sehnsucht …«

Die *British-Airways*-Maschine ist *ready*. Er sitzt ganz vorne in der ersten Klasse, kann die Beine ausstrecken und in seiner Phantasie gehen, wohin er will. Er bestellt bei der Stewardess Champagner und weiß nicht, dass es der letzte Champagner seines Lebens ist. Start zum Flug nach London ohne Zwischenstopp. Er reist mit einem manipulierten österreichischen Pass unter dem Namen Alfred Semrad. Und als ich das später in den Zeitungen lese, kann ich es selbst fast nicht glauben und gerate für kurze Zeit in Verdacht, diesen speziellen Reisepass für den Proksch organisiert und bei meiner Reise zum Interview in Manila dabeigehabt zu haben. Wieso denn das?

Ich kenne den Fredl Semrad. Nicht gut und nicht sehr lange, aber doch. Ich lerne ihn bei einer Party der Wiener *Hells Angels* kennen, sehe ihn bei verschiedenen Live-Konzerten und treffe ihn im *Marshall Café* im Wiener *Rockhaus* wieder, wo er bei einem lautstarken Streit plötzlich mit einem Revolver in den Plafond schießt. Also, seien wir logisch: Wie wahrscheinlich ist es, dass ich nix mit der Pass-Beschaffung zu tun habe? Aber es ist so. Wenn man eins und eins zusammenzählt, kommt man offenbar nicht immer zum richtigen Ergebnis.

Interessant ist die Pass-Geschichte aber auf jeden Fall. Das Dokument wird im August 1988 ausgestellt, und der 1941 in Wien geborene Alfred Semrad erklärt, den Reisepass noch im März 1989 bei einer Deutschland-Reise zu einem Rockkonzert gehabt und den Verlust des Lichtbildausweises erst Wochen später bemerkt zu haben. Heute weiß ich, dass Udo mit dem Semrad-Pass (und einem neuen Udo-Foto darin) bereits am 20. September 1988 von Manila nach Istanbul fliegt und schon am nächsten Tag wieder auf die Philippinen zurückkehrt. In den folgenden

Monaten reist Udo aka Fredl nach Vietnam, Singapur und Hongkong. Außerdem hat er ein USA-Visum im Pass, das am 2. Mai 1989 – also 15 Monate nach Udos Flucht aus Österreich – von der Konsularabteilung der US-Botschaft in Wien ausgestellt und im Mai 1989 zur Einreise in die USA benützt wird.

Jetzt will der Udo zwei Tage in London bleiben. Eine starke Sehnsucht treibt ihn zu seinem Sohn, zu einem seiner Söhne, der dort eine Schule besucht. Er will nichts anderes, als neben ihm auf einer Parkbank sitzen und mit ihm über irgendetwas sprechen. Der Sohn wird den Vater sicher nicht erkennen. Udo plant, gebrochen Russisch oder Englisch mit ihm zu sprechen, und da sein Name aus vielen Namen besteht, will er ihn fragen: »Wie heißt du, Boy? Russ ich! Du sprechen Deutsch? Ich bin Jude.« Udo will wissen, was sein Sohn sagt, wenn ihn ein fremder Mensch auf diese Weise in einem Park in London anredet.

»Wäre ich ihm bekannt vorgekommen«, sagt Udo, »dann hätte ich ihn gerne gestreichelt, wäre ihm mit meiner Hand über den Kopf gefahren. Er hätte das sicher nicht verstanden, diesen Wunsch nach Zärtlichkeit. Ich hätte mit ihm geredet über *Narziss und Goldmund*, über Stendhal und den Roman *Rot und Schwarz* sowie über die fünf, sechs anderen Bücher meines Lebens. Ich hätte ihn gefragt, ob seine Schwester auch schon in England ist. Vielleicht hätten wir gemeinsam Tauben gefüttert, und mein Gehirn hätte ihn fotografiert, und mein Atem hätte ihn in meine Seele eingeatmet. Sie hätte versucht, mit ihm zu tanzen, die Wellen des Sees zu finden, die in meinen See passen. Vielleicht hätte ich ihn gefragt: ›Bist du morgen wieder hier auf der Bank im Park, in der Nähe deiner Schule?‹ Und vielleicht hätte er geantwortet: ›Morgen nicht, aber wahrscheinlich am Freitag.‹ Und ich hätte ihm in London was gekauft und ihn nach seiner Mutter gefragt und wahrscheinlich auch nach seinem Vater. Die Gedanken gingen im Gehirn herum und fuhren Ringelspiel, doch es kam alles ganz anders, und ich sah meinen Buben nicht mehr …«

Gleich nach dem Start beginnt ein Taifun zu toben, die Boeing hüpft wie wild auf und ab, und die Passagiere werden durchgeschüttelt wie kleine Kreditnehmer. Sie klammern sich ängstlich an die Sessel, zeigen ihre lachenden Gesichter – und somit ihre Angst. Die Verabschiedung von dem vollgekotzten Flugzeug fällt leicht.

Hat das »Biest« nun Glück oder Unglück gebracht? Während des Fluges Hongkong-London weiß *The Security Service MI5 (Military Intelligence, Section 5)* schon, dass Fredl Semrad im Anflug ist. Freunde haben ihn verraten. Eigentlich will er nach ein paar Tagen weiterfliegen, in die USA, nach Los Angeles, eine Freundin besuchen.

Aber sie führen ihn in ein kleines schalldichtes Zimmer, in dem der *MI5* seine Fragen an angehaltene Passagiere stellt, sie bemängeln den Reisepass, erklären, dass ein Stempel im Pass falsch ist, obwohl die Stempel echt sind.

»Da man mit mir sehr vorsichtig umging, glaube ich, dass die *CIA* oder der *MI5* alles inszeniert hatte. Sie waren an eine Geschichte geraten, in der sie sich überhaupt nicht auskannten. Meine blauen Augen strahlten, mein dunkles Haar glänzte, ich selbst aber fühlte mich stumpf und matt. Ich gab mich gelassen. Leider haben diese jungen britischen Ärsche in ihrem Ehrgeiz bereits in Wien angerufen, und die schauten dort unter meinem Künstlernamen nach und platzten heraus. Dann kam das Fax aus Wien. Alfred Semrad ist 19-mal vorbestraft. Ich hatte keine Ahnung, dass der Pass, den man mir beschafft hatte, nicht in Ordnung war. Scheinbar funktioniert in diesem Land überhaupt nichts mehr. Was für eine Blödheit: mir den Reisepass eines Kleinkriminellen zu beschaffen!

Die Briten durchwühlten meinen Pilotenkoffer, den ich als Handgepäck dabeihatte. Dann sagte man mir: ›Herr Semrad, alles ist okay, gegen Sie liegt nichts vor, aber wir wollen Sie hier nicht haben. Sie fliegen in 15 Minuten nach Wien. Mit *British Airways*. Haben Sie Pfund?‹ Ich sagte ja und kaufte mir, innerlich fluchend, ein Ticket.«

An Bord des Flugzeugs entdeckt er sie, eine rot-weiß-blonde Person. Er kennt diese Frau auf dem Flug nach Wien. Ist sie eine Hoffnung für seine schwarze Tasche? Kann sie Udos Unterlagen, Fotos, Briefe und Dokumente, unentdeckt nach Wien bringen? Die *Oswaldin*, die Königin der Nacht, ist in Wien eine Göttin. Sie schaut sich um, sieht den und den und auch ihn an, erkennt ihn aber nicht.

»Ihr Blick ist abwesend, weit weg bei der Sixtinischen Kapelle oder in irgendeinem Schneetreiben oder in einer Lawine aus weißen Kristallen oder gar inmitten eines Attersee'schen Bildes, *Das Weiße und die Weisheit*. Sie war tief in ihren Gedanken versunken, ganz Dame im Kostümchen, der Flieger rollte zur Startbahn, ich wartete gar nicht erst auf den Abflug, ich kritzelte ein paar Worte auf ein Stück Papier: ›Liebe O.! Die Schweinchen in Wien warten schon auf mich, nimm bitte meine schwarze Tasche und lenk' die Hunde ab, danke. Ich bin's, der Udo.‹ Ich zwängte mich nach vorne, blieb kurz vor ihr stehen, stolperte zum Schein und fiel auf sie, drückte ihr dabei schnell das Papier in die Hand und dachte: Nun ist es gewonnen. Ich stellte mein Gepäck der Frau Evelyn Oswald hin. Der

Schneekönigin, die mich noch immer nicht erkannte. Das kam mir komisch vor. Ich sah kein Lächeln des Erkennens. Ich glaube, sie hat aus lauter Angst vor dem Fliegen etwas genommen und war total weg.«

Nach der Landung in Wien steigt Udos Auserwählte aus dem Flieger und nimmt die Tasche nicht mit in den Flughafen-Bus. Was ist bloß los mit ihr? Er packt die Tasche und stellt sie im Bus vor sie hin. Sie starrt ins Weite. Er steigt hinten aus und geht nicht hinein in Richtung *Exit Vienna*, sondern – vom Strom der Passagiere getrennt – in den Transit-Bereich. Er kauft ein *Lufthansa*-Ticket nach Nürnberg, das Flugzeug geht in wenigen Minuten. Er läuft zu seinem Abflugsteig, nach der Sicherheitskontrolle die Stiegen hinunter, dort stehen schon die *Lufthansa*-Mitarbeiterinnen: »Ihre Bordkarte, bitte!« Alle sind schon in der Maschine, er ist als Letzter beim Gate angekommen. Doch es ist zu spät, denn plötzlich hört er hinter sich das Keuchen der Flughafengendarmen in Zivil: »Ihren Pass, bitte. Ah, da schau her, der Herr Alfred Semrad. Der fliegt nicht mit nach Nürnberg, dieser liebe Herr muss erst noch lernen, sich im Ausland ein bisschen wohlerzogen zu benehmen.« Er lacht kopfschüttelnd vor sich hin.

»Was lachst denn?«, fragt einer der Kieberer. Dann wird der Udo ernst und sagt in militärischem Ton: »Für Sie, mein lieber Herr, heißt das immer noch: ›Warum lachen Sie?‹. Ich bin der Ältere und Duzfreund habe ich hier auf dem Flughafen nur einen einzigen, nämlich den Herrn Major Rupf. Rufts den Rupf. Ich bin der Udo Proksch.«

Und dann ist ganz schnell alles klar: »Sie hatten meine Tasche, dann glaubten sie mir. Ich hatte an die Hilfe einer halbwegs normalen Person geglaubt, einer durch Schnee und Kälte weggefetzten Frau hätte ich mein Gepäck nicht anvertraut. Aber woher hätte ich das wissen sollen? Die Weibsperson hatte beim Zoll unaufgefordert gesagt: ›Das gehört dem Udo Proksch!‹ Die haben sich alles angeschaut und waren ganz erschrocken über den Inhalt. Die *Lucona*-Fotos, exakt mit Tiefgang und Ladung, Negative, meine Adressbücher und die Nacktfotos – oder wie es sich die Herren so gerne spielerisch auf der Zunge zergehen lassen: die Pornofotos.« Wenig später werden die *Pornofotos* vermisst. Sie müssen zwischen dem Airport in Schwechat und dem Landesgericht in Wien aus dem beschlagnahmten versiegelten Gepäck Udos entwendet worden sein. Diesen Vorwurf hält der Schwechater Gruppeninspektor, der das ganze Gepäck gründlich untersucht hat, für absurd: »Ich habe keine Pornofotos gesehen, ich kann mir auch nicht vorstellen, dass da jemand etwas herausgenommen hat. Ich halte das für eine Unterstellung!«

Udo entfernt sich von den amtshandelnden Beamten und wandert still davon: »Einen Augenblick noch, bitte, ich muss jetzt ganz dringend pissen!«

»›Du, Pepi und Schurl, gehts mit …‹, sagte der Major Rupf, den sie hier *Django* nennen. ›Keine Sorge. Ich flüchte nicht durch den Kanal, ich bin nicht der dritte Mann!‹ So ließen sie mich also alleine pissen gehen, ich schaute in den Spiegel des Waschraums und erkannte mich nicht mehr. Es war Fred Semrad, der mich anblickte, und nicht der Udo. Im Waschraum dachte mein zweites Ich, dass es wohl das Beste wäre, wie Jean Marais in Jean Cocteaus trickreichem Film *Orphée* durch einen Glasspiegel in eine andere Welt zu springen. Und weg wäre ich, für alle unauffindbar. Niemals wieder hier. Niemand hört dich. Es war wie diese Phantasie von Cocteau – auch ein Kokser …

Aber ich sprang nicht durch den Spiegel, sondern verbeugte mich höflich vor den Stewards der *Lufthansa*, die nach mir den Waschraum betreten hatten. Ich kam zurück vom Pissen und unterzeichnete ein Protokoll. Man setzte mich in einen Polizeiwagen und brachte mich über die Flughafenautobahn nach Wien. Ich bat die Beamten: ›Fahren wir doch bitte über den Kohlmarkt. Ich möchte den *Demel* und die Auslagen sehen‹, aber das trauten sie sich dann doch nicht. Der Rupf hatte bereits die Presse darüber informiert, dass er auf dem Flughafen Wien den Udo Proksch eingefangen und verhaftet hatte. Also standen beim *Grauen Haus* schon die Fotografen. Unter ihnen mein alter Freund Gino Molin, dem winkte ich lächelnd zu, aber er erkannte mich nicht und schüttelte nur den Kopf. Na ja, Herr Semrad, ob Sie wirklich der Udo sind? Bin ich es?«

// Verwenden Sie jetzt bitte eine Hand-Kamera, ohne Stativ und Aufhängung. Das gibt Ihnen die Möglichkeit, Bilder zu erzeugen, die wie aus einer Dokumentation wirken. Authentizität vermitteln und zugleich an das *Cinéma vérité* erinnern …//

»Du hast dich verändert«, sage ich. »Bist du auf deiner Flucht nie erkannt worden?«, frage ich.

»Einmal während der Flucht wurde ich erkannt, von einem sterbenden Mann, dessen Kopf ich gehalten habe und der zu mir sagte: ›Ich erkenne dich, ich erkenne dich. Du bist das Leben!‹«

Ich besuche Udo Proksch im Gefängnis. Diesmal gibt es keine Umarmungen. Wir sind durch ein Gitter und eine

Glasscheibe voneinander getrennt, durch die wir uns ansehen können. Udo legt seine Handfläche von innen auf das Glas und ich die meine von außen – so ist es fast wie ein Händedruck.

»Hallo, Udo!«, flüstere ich.

»Hello, Boy ...« Ein paar Tränen laufen plötzlich über seine Wangen, die er mit dem Handrücken wegwischt.

»Was ist nur aus diesem schönen Land geworden?«, sagt er und ist gleich auf 180. »Dass diese ganze miese Beamten-Bagage nichts anderes zu tun hat ... Statt mir beim Auto einen Strafzettel hinter den Scheibenwischer zu stecken, krieg' ich eine Hausdurchsuchung und werde gefragt, wieso ich überhaupt lebe? Dann kommen fünf weitere Beamte und fragen: ›Sagen Sie, Herr Proksch, haben Sie geparkt am Soundsovielten dort und dort?‹ Wir haben keine anderen Sorgen? In einer Zeit, wo man wie selbstverständlich zum Mond fliegt? Und mit solchen Hinterwäldlern wie diesen Orschlöchern sollen wir das Leben weitermachen?«

Udo ist wirtschaftlich ruiniert. Das *Demel* ist mit Hypotheken bis über die Dachziegel belastet und soll 1992 um ein paar Millionen verkauft werden. Allein die Schar seiner Anwälte kostet Udo umgerechnet fast 4.000 Euro am Tag. Wenn es ihnen aber gelingt, das Gericht zu überreden, die *Lucona* auf Staatskosten suchen und filmen zu lassen, dann sind sie ihr Geld wert.

Fast seine ganzen Besitztümer sind in der Zwischenzeit verkauft worden – sogar das schöne *Schloss Paasdorf*, das er so geliebt hat, oben im Weinviertel, circa vier Kilometer südwestlich von Mistelbach. Udo hat das Barockschloss 1971 gekauft, und ich habe mir immer schon gedacht, es passt gut zu seinem Wahn, sich an adelige reiche

Buben und blasse Mädchen anzuschmiegen und sich auf deren Latifundien genießerisch einzunisten. Das hat er ja auch bei sehr vielen Frauenbekanntschaften so gehalten. Einerseits erklärt er mehrfach, wie sehr er die Bourgeoisie und auch die sozial exklusiven blaublütigen Gruppen mit ihrem noblen gesellschaftlichen Vorrang hasst, andererseits hat er genau in diesen Bereichen sehr oft seinen abstrusen Klassenkampf geführt und dort als Snob (*sine nobilitate*) erfolgreich gewildert. Jedenfalls hat auch das *Schloss Paasdorf* klingende Namen aufzuweisen. 1728 wird es von Don Raimund de Villana Perlas Marchese von Realp erworben, der 1740 das heutige Schloss erbaut. Nach dem Tod des Grafen Johann Perlas erben seine beiden Nichten die Herrschaft. Ab 1844 sind die Freiherren von Skrbensky die Herren. 1916 kommt Paasdorf an die Familie Mosché, 1929 an die Familie Claß und 1966 an Ernest Krehlik, dann an Udo Proksch.

Am besten hat mir dort der frühbarocke Wandbrunnen aus Marmor gefallen, dessen Wasserspeier wie ein Löwenkopf ausschaut. Neben Stuckdecken und Spiegeln im ersten Stock imponiert mir der Marmorkamin aus dem frühen 17. Jahrhundert, in dem Udo aber so gut wie nie eingeheizt hat.

Ich gestehe, ich hätte gerne einen kleinen Schrebergarten am Stadtrand von Wien und habe es nicht so mit herrschaftlichen Schlössern, obwohl ich mir vor vielen Jahren das Schloss meiner gallischen Vorfahren, das *Château de Biron* in der kleinen Ortschaft Biron, interessiert angeschaut habe, das im Jahre 1978 de facto und de jure verstaatlicht worden ist. Es ist vom 12. bis ins 20. Jahrhundert der Stammsitz von 24 Generationen der Familie Gontaut-Biron gewesen. 1598 verleiht König Heinrich IV.

seinem Vertrauten Charles de Gontaut-Biron, der als Heerführer »der gallische Blitz« genannt wird, die Herzogs- und Pairswürde, doch das ist meinem Altvorderen nicht genug, er schmiedet ein Komplott gegen den König und wird 1602 wegen Hochverrats geköpft. Ich habe schriftlich erklärt, dass ich bereit wäre, den alten Familienbesitz in Empfang zu nehmen, aber natürlich haben mir die Franzosen das Château nicht ausgehändigt. Aber das nur nebenbei. Ich könnte mir den Alltagsbetrieb dieses Prachtbaus sowieso nicht leisten. Das Heizen. Und wer will schon 100 Fenster putzen? Ich nicht …

Zurück zu unserer Story: Als interessante Fußnote der *Causa Lucona* erscheint es mir, dass der Proksch-Jäger Hans Pretterebner, der, wie Udo, karierte Sakkos und Schuhe mit dicken Sohlen trägt, nach seinem profitablen Siegeszug ebenfalls Schlossbesitzer geworden ist – allerdings nicht in Paasdorf, was am besten zu ihm gepasst hätte, sondern im niederösterreichischen Wetzlas im Waldviertel: 1991 erwirbt der erfolgreiche Buchautor das marode Schloss und saniert es gründlich – auch mit einer Regionalförderung des Landes Niederösterreich. Historisch ist das Gebäude vor allem deswegen interessant, weil hier – einer Chronik der Historikerin Ilse Krumpöck zufolge – Hitlers Vater gezeugt worden ist.

Egal, Pretterebner war's nicht.

In den 1980er und 1990er Jahren beschäftigten den Aufdecker hauptsächlich seine Krankheiten, die seiner Meinung nach zumindest teilweise den Kämpfen mit den Roten geschuldet sind:

»Seinen fast letalen Magendurchbruch im Jahr 1981 führt er auf die Auseinandersetzungen um die Arbeiter-

Zeitung zurück, ein neurologisches Leiden, das ihn 1998 niederstreckte, sei nicht zufällig just nach einem von der SPÖ gegen ihn angestrengten Verfahren aufgetreten«, schreibt Herbert Lackner anlässlich von Pretterebners 70er im *Profil* vom 26. Feber 2014. »Monatelang hatte das Guillain-Barré-Syndrom fast seinen gesamten Körper gelähmt. Inzwischen hat er auch einen Blasenkrebs überstanden, der eher auf seinen Zigarettenkonsum als auf die SPÖ zurückzuführen war. Nach der Chemotherapie sei er am Ende gewesen, sagt Pretterebner. Neuen Lebensmut habe er gefasst, seit er sein Schloss Wetzlas nicht mehr an den Betreiber eines Jugendhotels verpachtet, sondern das Hotel nun selbst führt. ›Ich bin jetzt ein Hausmeister!‹ Mit Politik habe er nichts mehr am Hut. ›Ich nehme nichts zurück. Aber heute würde ich eher mit dem Florett als mit dem Bihänder agieren.‹«

Die Besuchszeit im *Grauen Haus* ist um, Udo und ich legen wieder gleichzeitig unsere rechten Handflächen auf die Glasscheibe, er muss zurück in die Zelle Nummer 326, und ich gehe hinaus auf die Ringstraße und blinzle in die Sonne.

Während seiner Abwesenheit lässt mir Udo immer wieder mit der Hand geschriebene, persönliche Briefe zukommen. Und seit er im *Grauen Haus* hockt und auf den Prozess wartet, bekomme ich wieder Post von ihm. Beim Lesen des ersten Briefs nach seiner Ankunft in Wien dürfen Sie mir gerne über die Schulter schauen und ein wenig mitlesen:

»Ich werde hier in der Haft gut behandelt, habe eine Zwei-Mann-Bewachung. Das Essen ist in Ordnung. Mein

Vorschlag wäre, manchmal ein gutes Stück Burenwurst mit Senf und einem Stück Brot zu servieren. Das wäre eine qualitative Verbesserung des Speiseplans. Die Behandlung durch die Wachmannschaften und durch die Beamten ist 1A. Höflich, bestimmt und distanziert. Die Zellen sind sauber, natürlich hat man dafür selbst zu sorgen. Alle Putzmittel werden zur Verfügung gestellt. Informationen erhält man in Form von Zeitungen oder Radiosendern. Es gibt einen halb- bis einstündigen täglichen Spaziergang in einem ungefähr 100 Quadratmeter großen Hof. Dort sieht man außer Eisen, Stahlgittern und Türen auch etwas Gras. Wolken, Sonne und Regen lassen sich auch durch ein Fenster beobachten, natürlich vom Gitter zerschnitten. Wecken ist um sechs Uhr früh, dann Bettenbau, je nachdem Saubermachen oder Gymnastik – oder beides. Dann ein Glas Tee oder Kaffee, später beginnen die Anwaltsbesuche. Besuchszeit ist zweimal wöchentlich. Bis zu drei Personen haben 15 Minuten Sprechzeit. Aber wer spricht schon mit seiner Frau in der Woche mehr als 15 Minuten?

Die Kameradschaft ist besser als im Parlament. Man teilt Zigaretten, hilft den armen Jugos, Afrikanern oder Österreichern, wenn man von irgendwas mehr hat als sie. Zu den Wachbeamtenpersonen sage ich laut ›Sie!‹ und schlage dabei die Hacken zusammen, und ich antworte meistens mit ›Jawohl!‹, wenn sie mich ansprechen.

Sicherlich gibt es hier Selbstmorde und häufig Selbstmordversuche. Wenn man den Verdacht hat, dass jemand in diese Richtung steuert, dann bemüht man sich, es dem Kameraden auszureden.

Die meisten Häftlinge sind wegen Eifersuchts- oder anderer Suchtgeschichten hier, wegen Frauen, Diebstahl oder was weiß ich. Die sexuelle Sehnsucht ist merkwürdigerweise nicht sehr stark. Möglich, dass sie dem Tee oder Kaffee Brom oder so etwas beimischen. Das habe ich einst in einem Bergwerkslager erlebt …

Man kann hier Uhren um 40 oder 60 Schilling kaufen. Die Marke ist *Jordache Schweizer Kreuz*. Die Schweizer waren immer schon ein soziales Volk, vielleicht ist es eine Spende von neutralen Waffenfabrikanten in der neutralen Schweiz.

Eine Bibliothek sorgt für Lesestoff. Zwei bis drei Romane alle paar Tage. Ich habe diese Woche D 5397, Egon Friedell: *Selbstanzeige*, gelesen, dann E 457, *Irland*, weil es dort so schön grün ist, aber nicht parlamentsgrün. Und D 4736: *Der Steppenwolf*.

Weil du mich letztes Mal gefragt hast: Nein, mich bedrückt überhaupt nichts. Ich fühle mich nicht schuldig. Jeder Tag in meinem Leben ist, egal, wo ich bin mit meinem Hirn, ein aufregendes Abenteuer in der Phantasie. Meine Schlafgewohnheiten waren früher anders. Ich konnte zu jeder Tages- und Nachtzeit schlafen, wenn auch immer nur ein paar Stunden. Jetzt muss ich um neun Uhr abends schlafen, weil sie das Licht abdrehen. Manchmal krieche ich, wenn es dunkel ist, unter das Bett oder klettere auf den Kasten. So kann ich ein bisschen Gymnastik machen und schauen, dass ich körperlich zumindest halbwegs in Form bleibe. Gut haben es diejenigen, die vom Arzt einen kleinen gebrauten Schlaftrunk bekommen … Draußen ist alles anders als hier herinnen. Wenn du ein starker Raucher bist und draußen eine Zigarette geschenkt bekommst, dann hat das fast nichts zu bedeuten. Hier kann es der Beginn einer ewigen Freundschaft sein. Genauso ist das, wenn jemand Brot, Kaffee, Zucker oder Seife hergibt. Ich mache den Vorschlag, dass alle Richter, Kriminalbeamte und Parlamentarier genauso behandelt werden sollen wie wir hier. Sie müssten nur zwei bis drei Monate im *Häf'n* bleiben – ohne Hilfe von außen. Ich schwöre dir: Unsere Politik hätte mehr Demut, Klugheit. Weisheit und Eleganz.

Manchmal höre ich in der Nacht einen Araber singen oder einen Türken oder einen Jugoslawen. Niemand schimpft, jeder lauscht. José Carreras, komm herein für eine Nacht und singe uns als Hofsänger ein einfaches Lied, *O sole mio!* Vielleicht ...

Morgen ist ein Verhandlungstag. Was erwarte ich von meinem Prozess? Es ist ja eigentlich nicht mein Prozess, sondern ein Prozess, den der österreichische Staat gegen einen österreichischen Staatsbürger anstrengt – unterstützt durch die Macht des Staates, der Staatsanwaltschaft, der untersuchenden Behörden, der U-Richter und ihrer Handlanger, wie etwa der Landesgendarmerie aus Niederösterreich.

Meine Nachteile sind erstens: der Staat, der mich schon vor Jahren ohne Gerichtsverfahren verurteilt hat. Zweitens: die Politiker, die mich ebenfalls schon vor Jahren ohne Gerichtsverfahren verurteilt haben. Drittens: eine der reichsten internationalen Organisationen des Versicherungswesens. Viertens: Staatsanwälte, die ich noch nicht kenne, aber von denen ich annehme, dass sie im ideologischen Lager des Feindes stehen. Der Feind, das sind der Staat und die Versicherung. Es stellt sich eine sehr wichtige Frage: Haben mich auch die Geschworenen schon vor Jahren ohne Gerichtsverfahren verurteilt? Beeinflusst durch die jahrelange, intensive Pressearbeit der Zeitungen, die der *Bundesländer*-Versicherung nahestehen und immer wieder ganze Arbeit geleistet haben ...

Oder werden sich die Damen und Herren der Geschworenenbank ihre eigene Meinung bilden? Ich habe selbstverständlich meine Bedenken da und dort, aber vor allem habe ich eine klare Überzeugung von meiner Schuld oder Unschuld – dies zu beweisen, gilt es wohl.«

Mephisto wird Verurteilt

Heiß ist es hier im Gerichtssaal. Die 300 Zuschauer warten gespannt: kein lautes Wort, nur Getuschel. Lauter bekannte Gesichter, wie bei einer Theaterpremiere. Schon um halb neun in der Früh haben sich die ersten Neugierigen vor dem Tor des Wiener Landesgerichts für Strafsachen versammelt, um später die besten Plätze zu erobern. Eilig machen sich die Journalisten Notizen: Kein noch so geringes Detail soll den Leserinnen und Lesern vorenthalten werden. Fernsehteams und Fotoreporter aus ganz Europa sind angereist: Sie müssen draußen bleiben. Drinnen ist absolutes Fotografierverbot. Aus Sicherheitsgründen.

Dieser Prozess ist eine Sensation. Obwohl das Ergebnis schon lange vor dem ersten Verhandlungstag klar zu sein scheint. Das Meinungsforschungsinstitut *Gallup* stellt fest, dass bereits vor dem Gerichtsverfahren rund zwei Drittel der Menschen in Österreich von Udo Prokschs Schuld überzeugt sind. Schließlich hat es jahrelang Medienberichte und erst vor einigen Monaten einen parlamentarischen *Lucona*-Untersuchungsausschuss gegeben. Der hat viele Details des Kriminalfalls ans Licht der Öffentlichkeit gebracht, 16 Politikern, Juristen und Spitzenbeamten den Job gekostet und sogar zum Abgang von Nationalratspräsident Leopold Gratz und Innenminister Karl Blecha geführt.

Die Anklage enthält viele Schlussfolgerungen aus dem Pretterebner-Buch *Der Fall Lucona*, das sich trotz rund 50 gerichtlicher Verfügungen und Behinderungen an die 380.000-mal verkauft hat. Für seine Recherchen befragt der Proksch-Jäger drei Jahre lang rund 350 Informanten auf Costa Rica, in Deutschland, Österreich und der Schweiz sowie in Rotterdam und London, Ost-Berlin, Bukarest, Istanbul und in Hongkong. Ursprünglich hat das Werk mehr als 1.200 Seiten, doch aus Gründen der Produktionskosten werden viele Textpassagen gestrichen, schließlich bleiben aber immerhin noch 672 Seiten übrig.

Udo schenkt mir das Buch gleich nach Erscheinen und sagt: »Lies dir das durch. Das ist schon interessant. Viele Sachen stimmen, aber sie haben nichts miteinander zu tun und sind halt falsch zusammengehängt. Und vieles ist einfach ein Schaaß!«

Der Vorwurf im Pretterebner-Buch, in vielen Zeitungen, im Untersuchungsausschuss im Parlament und auch vor dem Strafgericht lautet, kurz gesagt, folgendermaßen: Udo Proksch gründet in der Schweiz eine Micky-Maus-Firma, die *Zapata AG*. Die Micky-Maus-Firma chartert für einen Transport von Italien nach Hongkong ein Frachtschiff, die *Lucona*. In Hongkong gibt es eine andere Micky-Maus-Firma von Proksch, die als Empfänger angegeben ist, die *North Pacific Trading Ltd*. Udo Proksch und seine ihm ergebene Panzerknacker-Bande sammeln vor allem in Österreich Industrieschrott ein, lackieren ihn neu und bringen das ganze Glumpert Anfang 1977 nach Italien, wo die wertlose Micky-Maus-Fracht auf das Schiff kommt – gemeinsam mit Sprengstoff, den Udo Proksch beim Bundesheer mitgehen hat lassen. Die Ladung wird als wertvolle Uranerzaufbereitungsanlage deklariert und bei der *Bundesländer*-Versicherung in Wien auf etliche Millionen versichert. Die Versicherungsgesellschaft, bei der Udo schon bei anderen Gelegenheiten zigmal hat versichern lassen, übernimmt das Risiko und kassiert circa 20 Millionen Schilling als Prämie für die

Fracht, deren Wert mit 31.360.725 Schweizer Franken angegeben wird. Nach 23 Tagen auf See sinkt das Schiff. Sechs Seeleute ertrinken. Sechs überleben. Im Auftrag der Schweizer *Zapata* verlangt Udo Proksch jetzt die Millionen von der Versicherung, aber dort herrscht Ebbe in der Kassa, und die Direktoren stehen auf der Bremse.

Um eine Auszahlung des Geldes an Proksch & Co. hinauszuzögern oder überhaupt zu verhindern, sollen Versicherungsbetrug und Mord bewiesen werden. Udo Proksch und seine ihm ergebene Panzerknacker-Bande produzieren Dokumente, die beweisen sollen, dass alles rechtens ist. Die Versicherungsgesellschaft produziert Dokumente, die beweisen sollen, dass nichts rechtens ist. Es geht hin und her. Erst am 30. Jänner 1990 wird der Strafprozess gegen Udo Proksch gestartet.

Kurz nach neun wird vom Gerichtsdiener eine Seitentür geöffnet: Flankiert von zwei Polizisten kommt der Angeklagte herein. Unsicher grinst er ins Publikum und salutiert. Richtig fett ist er. Der Anzug droht jeden Moment aus den Nähten zu platzen, das glattrasierte Gesicht ist wie ein Vollmond. Ein Raunen unter den Zuschauern. Das ist nicht der Udo Proksch, den sie von früher oder aus den Zeitungen kennen. Eine Gesichtsoperation in Manila hat ihn verändert: schwarz tätowierte Augenbrauen, schmälere Augen, kleinere Nase, Grübchen in den Wangen, die Warze neben dem linken Auge entfernt. Bei seiner Verhaftung hat er Vollbart und Toupet getragen.

Seit Jahren habe ich mit ihm immer und immer wieder über die Causa gesprochen. Da oben in seiner kleinen Wohnung unter dem Dach des *Demel*-Hauses: zwischen Napoleon-Büste und *Fernet-Branca*-Flasche, umringt von

Büchern, Zeitschriften, Aktenordnern und stapelweise Fotografien. Im Morgengrauen oder nach Mitternacht: Die beste Zeit für Gespräche in Ruhe. Denn am Tag läutet fast ununterbrochen das Telefon, alle wollen sie den »Herrn Udo« sprechen: Anwälte, Journalisten, Politiker, Freunde, Feinde. Ob er dies oder das schon gehört oder gelesen hätte.

Ich trete vor an das hüfthohe Gitter im Gerichtssaal. Er sieht mich, lächelt mir zu, schiebt mit Tränen in den Augen die beiden Polizisten zur Seite: Wir umarmen uns.

Dann führen ihn die Polizisten zur Anklagebank. Der Journalist Roman *Adabei* Schliesser meint: »Ich traue ihm nicht zu, was ihm da angelastet wird. Er ist ein fabelhafter Freund und unendlich kreativer Fantast. Das hat er nicht verdient.« Für den *Wochenpresse*-Autor Gerald Freihofner ist Udo das Synonym für ein verrottetes System. »Ich bin ein Freund von ihm«, sagt Ex-Formel-1-Rennfahrer Niki Lauda, »aber er muss sich den Fragen der Justiz stellen.« Der Wiener Underground-Dichter Joe Berger bringt eine einfache Erklärung ins Spiel: »Ist die Bilanz einer Versicherung schlecht, werden Mörder erfunden!«

Aber so einfach ist das alles nicht.

Für mich ist die Schuldfrage damals noch lange nicht geklärt. Mir kommt vor, als würden Fakten, die für Udos Version sprechen, konsequent ignoriert. Für mich stellt sich die Sache aufgrund meines damaligen Wissenstands folgendermaßen dar: Im Jahre 1976 beauftragt die Schweizer *Zapata AG* ihren Repräsentanten Udo Proksch mit der Organisation eines Transports. Doch das vorgesehene

Transportschiff *Beatrix*, das im Dezember 1976 den Transport übernehmen soll, läuft in Istanbul gegen eine Kaimauer und muss zur Reparatur. Weil die *Zapata* wegen Verzögerung des Transports umdisponieren muss, möchte die Versicherung jetzt eine höhere Prämie einheben. Ganz nebenbei soll vertraglich festgesetzt werden, dass »keine Schwarzen« als Matrosen an Bord zugelassen sind. Beides lehnt Udo Proksch ab. Die Versicherungsdirektoren wollen aber unbedingt im Geschäft bleiben und akzeptieren schließlich, weil man sich doch schon so lange und so gut kenne und schon so viele Geschäfte miteinander gemacht habe.

Seit dem Schiffsuntergang kursieren hauptsächlich Spekulationen. Von einem großen Mafia-Geschäft ist die Rede. Von einem Waffentransport gigantischen Ausmaßes, der von österreichischen Spitzenpolitikern im Interesse der verstaatlichten Industrie eingefädelt worden sei. Von einer *CIA*-Geheimdienstaktion gegen die für Rotchina bestimmte Uranerzaufbereitungsanlage. Von Mord und Versicherungsbetrug mittels Sprengstoff. Doch die Aussage eines ehemaligen Bundesheer-Offiziers, er hätte Proksch bei den Sprengübungen für Filmaufnahmen am Truppenübungsplatz Hochfilzen im Bezirk Kitzbühel in Tirol einige Hohlladungen aus den Sprengstoff-Beständen des Heeres überlassen, steht in keinem Zusammenhang mit dem Schiffsuntergang. Der Zeuge sagt auch nicht aus, dass der Bundesheer-Sprengstoff für die *Lucona* bestimmt gewesen ist. Denn das wissen sogar Antimilitaristen: Niemand kann mit diesen Hohlladungen ein fast 24 Quadratmeter großes Loch in eine stählerne Schiffswand sprengen.

Auch wird von den Proksch-Verteidigern spekuliert, ob die *Lucona* überhaupt gesunken ist. Denn kurz vor der

Reise ist der Frachter vom Reeder neu versichert worden – auf rund 20 Millionen Schilling, und damit ist das Schiff ungefähr um 50 Prozent überversichert. Die Versicherungsgesellschaft zahlt nach dem Untergang die vereinbarte Summe (nach heutigem Geld ca. fünf Millionen Euro) anstandslos an den Reeder aus.

»Ich habe keinen Schrott verladen und das Schiff nicht gesprengt«, erklärt Udo. »Sie tun alles, um Beweise gegen mich zu sammeln. Seit Jahren. Das hat bis jetzt schon mehr Geld gekostet, als die Versicherung zu zahlen hätte. Seit Jahren muss ich mich mit diesem Wahnsinn befassen. Und es ist ja nicht einmal sicher, dass das Schiff untergegangen ist. Das passiert gar nicht so selten, dass so etwas vorgetäuscht wird. Die kassieren die Versicherungssumme, verkaufen die Ladung, streichen den Kahn frisch und geben ihm einen neuen Namen. Und keiner weiß etwas.« Nachdem im Auftrag des Gerichts zwischen dem 21. Jänner und dem 13. Feber 1991 ein Tauchroboter das Schiffswrack gesucht und tatsächlich gefunden hat, weiß man eines mit Sicherheit: Die Gerüchte, dass die *Lucona* gar nicht untergegangen sei und nach wie vor unter anderem Namen irgendwo umher schippere, sind *Bullshit.*

Beim Beweissicherungsverfahren im niederländischen Rotterdam, wenige Wochen nach dem Schadensfall, stellt ein Gerichtsgutachter fest, dass der Frachter aller Wahrscheinlichkeit nach auf ein unter Wasser treibendes Wrack aufgelaufen sein dürfte, wodurch ein Leck in die Schiffswand gerissen worden sei, was schließlich den Untergang verursacht habe: »Unserer Meinung nach muss die Annahme, dass die Katastrophe durch eine Explosion, sei es im Schiff oder in der Ladung oder durch Einwirkung von außen, ausgeschieden werden.«

Ein Privatgutachten der *Bundesländer*-Versicherung scheint zu demselben Schluss gekommen sein, denn es ist dem Gericht nie vorgelegt worden. Stattdessen wird eine Taktik gewählt, an die man sich nur zu gerne hält: »Durch Detailbefragung und Vorlage von allen möglichen Dokumenten sowie Vorbehalte hinsichtlich eigener Untersuchung Verzögerungstaktik einlegen.«

Dieser Rat wird von den Wiener *Bundesländer*-Direktoren gerne befolgt, denn sie haben das Versicherungsrisiko teilweise von der englischen Firma *London & Kingston Insurance* mittragen lassen. Da es in der Branche vor allem bei Geschäften dieser Größenordnung durchaus üblich ist, das Risiko durch Rückversicherungen im Ausland zu mindern, scheint es auf den ersten Blick unverständlich, dass die von der *Zapata* geforderten Millionen der *Bundesländer* dermaßen Kopfschmerzen bereiten. Doch dann fällt auf, dass die Londoner Gesellschaft wegen ungenügender Kapitaldeckung nie in der Lage gewesen wäre, ihren Verpflichtungen nachzukommen. Sie hat weder ein Büro noch eigenes Personal, ja nicht einmal einen Telefonanschluss. Die dubiose Company gehört zwei Österreichern. Beide arbeiten bei der *Bundesländer* in der Führungsebene. Man hat sich also bei sich selbst abgesichert und die Prämien dafür offenbar in die eigenen Taschen gesteckt. Darum wird die Auszahlung der Versicherungssumme verweigert, bis die *Zapata* ungeduldig wird und beim Handelsgericht Wien die Klage einbringt. Der zuständige Richter, der dreimal in erster Instanz urteilt und wortwörtlich ganze Passagen aus den Schriftsätzen des Versicherungsanwalts übernimmt, vertagt den Prozess nicht, als ein vorgesehener Beisitzer plötzlich erkrankt. Vielmehr muss ein anderer Richter ohne Aktenkenntnis eine Stunde vor Verhandlungsbeginn einspringen. Alles scheint zugunsten der *Bundesländer* zu laufen. Bis am 10. März 1983 etwas passiert, womit der Anwalt, der für die Betreuung dieser Causa von der Versicherungsgesellschaft mit rund einer Million Schilling im Quartal entlohnt wird, nicht gerechnet hat: Das Oberlandesgericht Wien fällt ein Urteil, in dem es heißt: »Der Anspruch der klagenden Partei auf Ersatz des beim Untergang des Motorschiffes *Lucona* am 23. Jänner 1977 eingetretenen Verlustes mit der Polizzen-Nummer 37.062 vom 30. Juni 1976 versicherten Ladung besteht dem Grunde nach zu Recht.«

Jetzt brennt der sprichwörtliche Hut, denn trotz Einspruchs steht für die Versicherer zu befürchten, dass sich im Oktober 1983 der Oberste Gerichtshof dem Spruch des Oberlandesgerichts anschließt. Der Anwalt der Versicherungsgesellschaft engagiert einen Detektiv als geeigneten Söldner im Kampf gegen die roten Proksch-Proleten. Spesenvorschüsse und ein Erfolgshonorar in Millionenhöhe beflügeln den oberösterreichischen Jerry Cotton, der wie ein Eichhörnchen Indizien zu sammeln beginnt. Sein Auftrag ist eindeutig: Er soll »die involvierten Firmen und Personen des Versicherungsbetruges« überführen.

Unterstützt wird der Mann dabei von einem alten Freund, der als Beamter der Kriminalpolizeilichen Abteilung des Landesgendarmeriekommandos Salzburg in Anif tätig ist. Bald wird Strafanzeige gegen Udo Proksch und seinen Geschäftspartner Hans Peter Daimler erhoben.

Verständnislos und mit Gelächter wird später im Parlament der Ausspruch des damaligen Justizministers Dr. Harald Ofner zur Kenntnis genommen: »In diesem Fall wurde sehr viel interveniert, aber nie für Udo Proksch, sondern immer gegen ihn.«

Tatsache ist, dass in dieser Causa im Zivilgerichtsverfahren bereits in erster Instanz ein Richter auf zumindest überraschende Weise diesen Fall zugeteilt bekommen hat und ein zweiter Richter »wegen Erkrankung« de facto ausgetauscht worden ist. Tatsache ist weiter, dass in der zweiten Instanz ein Richter nach einer Intervention abberufen worden ist und dass schließlich, nach dem Urteil für die *Zapata*, der Senat des Obersten Gerichtshofs beschlossen hat, gleich den gesamten Senat des Oberlandesgerichts zu entlassen – ein Novum in der Rechtsgeschichte dieses Landes: Eine Ablehnung wegen Befangenheit ist bis dato nur vor oder während eines Verfahrens erfolgt, aber noch nie rückwirkend und weil ein Senat ein missliebiges Urteil gefällt hat. Ein weiterer Coup gelingt der schwarzen Task Force, die schon bei den Umbesetzungen im Richterstab agiert hat, bei der Exekutive: Ausgerechnet die Sicherheitsdirektion des »*ÖVP*-Bundeslandes« Niederösterreich beginnt gegen den *SPÖ*-nahen Proksch zu ermitteln – allen voran ein eifriger Hausdurchsucher, den die Tageszeitungen liebevoll »Inspektor Columbo« nennen. Nicht ohne Ironie ist dabei, dass der gleichnamige TV-Kommissar dafür bekannt ist, nur ein Auge zu haben. Doch der gefeierte Columbo lässt sich nicht beirren und geht seinen Weg. So findet er heraus, dass auf dem Industriegelände Piesting, auf dem die Fracht für den *Lucona*-Transport verpackt worden ist, auch eine Förderanlage aus dem Kohlebergwerk Oberhöflein gelagert war. Also kann berichtet werden, dass statt der versicherten Uranerzaufbereitungsanlage bloß wertloser Schrott aus einem Kohlebergwerk an Bord gewesen ist – also Versicherungsbetrug!

Niemand stößt sich daran, dass das Gewicht der Kohlenförderanlage nur ein Zehntel dessen ausmachen würde, was im Hafen von Chioggia verladen wird – rund 80 Tonnen statt 700. Daraufhin machen sich die Gendarmen auf die Suche nach 50 LKW-Ladungen Altmetall, die Proksch gekauft und auf das Schiff gebracht haben könnte. Ergebnislos.

Am 15. Februar 1985 wird Proksch für einige Tage in Untersuchungshaft genommen. Als Anlass dient ein erst am 8. Februar vom zuständigen Untersuchungsrichter bei einem Gutachter für Kernphysik, Umweltschutz und Luftverschmutzung in Auftrag gegebenes Gutachten, das acht Jahre nach dem Schadensfall quasi per Fernstudium – im Gegensatz zum Urteil des Rotterdamer Sachverständigen – zum Ergebnis kommt, die *Lucona* könne nicht auf ein unter Wasser treibendes Wrack aufgelaufen sein. Der Untersuchungsrichter formuliert den Haftbefehl: Die Beschuldigten seien »dringend verdächtig«, das Frachtschiff »mittels Fernzündung gesprengt« zu haben. Wie hätte das funktionieren sollen? Via Satellit? Das Gericht bleibt die Erklärung schuldig. Weiterer Grund für die erste U-Haft im Jahr 1985 ist (nach 97 Monaten) »Verabredungsgefahr«.

Kleines Detail am Rande: Als U-Häftling Udo Proksch im Landesgericht seinen Hofgang absolviert, dreht er mit einem langjährige Bekannten seine Runden: Kurt Ruso. Der ehemalige Lehrer ist von 1981 bis 1985 *Bundesländer*-Generaldirektor und ergaunert durch fingierte Schadensmeldungen mehr als 150 Millionen Schilling von der *Bundesländer*. Er wird zu Schadensersatzzahlungen in Millionenhöhe und sieben Jahren Haft verurteilt. Beim Spaziergang im Gefängnishof wendet sich Udo an Ruso und sagt: »Nau, des hamma notwendig g'habt …«

»Der Untersuchungsrichter arbeitet bereits zwei Jahre an den Vorerhebungen«, beklagt sich der Anwalt der *Zapata* 1985 in einem Zeitungs-Interview. »Seine eigene Arbeitsleistung ist minimal. Das zeigt sich darin, dass die Anträge der Verteidigung, wenn überhaupt, nur schleppend erledigt werden und die Verfahrensführung in der Weise erfolgt, wie sie die privatbeteiligte Versicherung wünscht. Das sieht man zum Beispiel daran, dass Fakten nicht beachtet werden. Weiter wird vom U-Richter völlig übergangen, dass die Verladung in Chioggia von der Versicherung kontrolliert wurde, und es ergibt sich die Frage, warum die italienischen Zeugen nicht vernommen werden, die bei der Verladung dabei waren.«

Zum Beispiel der ehemalige Kapitän Giulio M., ein kräftiger Mann mit einem offenen Blick. Ich spreche ihn in Venedig, wo er als nautischer Sachverständiger in der Nähe des Markusplatzes ein Schifffahrtsbüro betreibt. »Ich weiß«, sagt er, »in Österreich spielt man immer gerne auf die Mafia an, wenn von Italien gesprochen wird, aber eine wirkliche Mafia habe ich bisher nur in Österreich erlebt.« Er schwört, dass in den Kisten und Containern nicht wertloser Schrott gewesen ist, sondern neuwertige Anlagen und Maschinen: »Alle Behälter wurden geöffnet und ihr Inhalt besichtigt – aus dem einfachen Grund, weil wir festzustellen hatten, ob die Güter sachgerecht verpackt waren, um bei einem Seetransport nicht beschädigt zu werden.«

Ein auf Schifffahrtsangelegenheiten spezialisierter venezianischer Rechtsanwalt, Enzo M., der im Rahmen des Zivilgerichtsverfahrens Einblicke in unser Justizwesen gewonnen hat, weiß inzwischen eines: »Wenn man mir in Österreich vorwerfen würde, dass ich den Markusplatz gestohlen habe, so würde ich es dort nicht auf einen Prozess ankommen lassen und sofort verschwinden.« Und nach einer kurzen Pause: »Überall auf der Welt müsste die Versicherung den Beweis erbringen, dass sie betrogen worden ist. In Wien muss Udo Proksch beweisen, dass er die Versicherung nicht betrogen hat.«

Auch der Chef der Hafenspedition, Giuliano G., versteht die Aufregung nicht: »Wir wissen mit Sicherheit, was damals angeliefert und an Bord gebracht wurde. Der Zoll hat alles überprüft, und die Versicherung hat alles überprüfen lassen.«

Die Berichte des *Bundesländer*-Kontrollors Alfredo S., der in Chioggia gewesen ist, geben ebenfalls über den Zustand der *Zapata*-Ware und die ordnungsgemäße Verladung der Kisten und Container Auskunft: »Good condition …« Die Fracht sei in Ordnung und unbeschädigt, wird von ihm an die Wiener Versicherer gemeldet. Erst auf Drängen der Verteidigung wird Alfredo S. im Jahr 1986 vom U-Richter befragt, nachdem ihn seine Auftraggeber von der Geheimhaltepflicht entbunden haben. Dabei sagt der italienische Zeuge: »Der Inhalt des mir erteilten Auftrages lautete, den Zustand der Ware zu verifizieren und ein Transitgutachten zu erstellen. Die Anlagen waren neuwertig. Ich habe ständig die laufend ankommenden Waren jeder einzelnen Sendung kontrolliert. Die Versicherung hat meine Rechnung bezahlt.«

Noch ein zweiter Prüfer von einem Büro in Triest wird von der *Bundesländer* zur *Lucona* entsandt. Dieser Mann hat bei der Beladung Stück für Stück fotografiert und die Fotos gemeinsam mit seinem Bericht nach Wien geschickt. Leider sind diese Fotografien verschwunden, das Gericht hat sie offiziell nie zu Gesicht bekommen, und der italienische Fotograf übt sich beim U-Richter in vornehmer Zurückhaltung. Einige Jahre später hat er trotzdem Karriere gemacht. Schon 1985 ist der ehemalige Büroangestellte der neue Eigentümer einer Gutachter-Firma in Triest. Recherchen ergeben, dass sein Büro nur äußerst selten geöffnet hat und fast ausschließlich von nur einem einzigen Auftraggeber lebt – von der *Bundesländer*-Versicherung.

Was ist los mit denen? Haben die alle cremige Spaghetti ai funghi mit *magic mushrooms* gegessen? Oder sind sie ernst zu nehmende Zeugen, denen niemand vom Gericht zuhören will?

Udo Proksch stellt den Antrag, das Wrack der *Lucona* vom französischen *Titanic*-Bergeunternehmen *Ifremer* suchen zu lassen.

»Zu teuer«, findet das Gericht, und man macht sich nicht einmal die Mühe, mit dem eigens nach Wien gereisten *Ifremer*-Direktor Raymond Kienzy zu sprechen, der sich seiner Sache ziemlich sicher ist: »Wenn das Schiff dort gesunken ist, dann finden wir es auch. So kann man feststellen, wie es gesunken ist und was die Ladung war.« Nach Erscheinen des Pretterebner-Buches herrscht Hochstimmung bei den Proksch-Jägern. »Und was macht der Herr Pretterebner?«, erzählt Udo. »Er sieht mich am Kohlmarkt um halb sieben in der Früh, weil er es nicht lassen kann, das *Demel* zu umkreisen wie einen weißen Löwen, den er schießen will. Er kommt quer über die Straße auf mich zu und will mir die Hand geben, da sage ich zu ihm: ›Herr Pretterebner, seien Sie mir nicht bös', aber ich kann Ihnen doch nicht mehr die Hand geben. Wie stellen Sie sich das vor? Nicht, dass mir vor Ihnen graust, Sie sind auch nichts anderes als ein Mensch. Aber ich kann Ihnen die Hand nicht mehr geben, und ich muss Sie auch bitten, dass Sie nicht mehr in mein Etablissement hineingehen.‹ Da sagt er doch glatt: ›Aber es stünde Ihnen doch ein Anteil an dem Honorar zu, 25 Prozent, denn ohne Sie hätte ich doch das Buch gar nicht schreiben können, Sie sind ja fast ein Mitautor. Könnt' ich das Geld nicht ins *Demel* investieren?‹ Sage ich: ›Alles können Sie investieren. Geld hat kein Mascherl, deswegen warte ich, bis Sie so richtig viel Geld haben. Und wenn Sie viel Geld haben, dann kommen Sie in meine Gasse.‹ Ich denke mir, dass ich das Angebot von Pretterebner vielleicht wirklich annehme. Er soll meine Prozente an ein Kinderdorf oder an eine karitative – nur an keine katholische – Organisation überweisen.«

Im Feber 1988 setzt sich Udo Proksch plötzlich ins Ausland ab, weil er, wie er sagt, befürchten muss, bis zu einer Hauptverhandlung in Untersuchungshaft genommen zu werden. Proksch: »In zwei Jahren hab' ich vielleicht einen Freispruch, aber dann bin ich wirtschaftlich ruiniert.«

Im Jänner 1990 steht er vor Gericht. Die Staatsanwälte Robert Schindler und Erich Müller versuchen, Udo Proksch, Häftling in der Zelle 326, zu einer lebenslänglichen Haftstrafe zu verurteilen. Die Verteidiger wollen die 103 Seiten lange Anklageschrift entkräften. Und die drei Berufsrichter Hans-Christian Leiningen-Westerburg, Peter Liebetreu und Ernest Maurer müssen ebenso wie die acht Geschworenen unvoreingenommen bleiben, um einen fairen Prozess zu ermöglichen.

Der größte Unsicherheitsfaktor ist offenbar der Angeklagte selbst. Proksch, dem einige Journalisten nachsagen, er sei mittlerweile ein Fall für die Psychiatrie, er bezeichnet sich selbst als »Kriegsgefangener«, der »mit dieser ganzen miesen Bagage abrechnen« muss.

Nach 57 Prozesstagen, unterbrochen von der erfolgreichen Suche nach dem Wrack im Indischen Ozean, kommt es am 11. März 1991 zu einem Urteil in erster Instanz. Udo Proksch (verteidigt von seinen Rechtsanwälten Clemens Obendorfer, Erhard Doczekal, Monika Pitzlberger und Richard Wandl) wird von den Geschworenen mit 6:2 Stimmen wegen des Verbrechens des versuchten schweren Betrugs, des Verbrechens des teils vollendeten, teils versuchten Mordes und des Verbrechens der vorsätzlichen Gefährdung durch Sprengmittel zu einer Freiheitsstrafe von 20 Jahren verurteilt, weil er mit einer minderwertigen Ladung (Schrottwert) den Untergang der *Lucona* gewaltsam durch eine Explosion von Sprengstoff herbeigeführt hat und dadurch vorsätzlich sechs Menschen getötet und weitere sechs zu töten versucht hat, worauf er von der *Bundesländer*-Versicherung eine Zahlung in der Höhe von 212 Millionen Schilling herauszulocken versucht hat.

Aber 20 Jahre sind der Justiz für diesen »versuchten Versicherungsbetrug von bisher einmaliger Dimension in der Kriminalgeschichte« zu wenig, und so wird das Urteil der Geschworenen am 28. Jänner 1992 vom Oberlandesgericht Wien korrigiert und das endgültige Strafausmaß festgelegt: lebenslang.

Proksch sei eine »erschreckend kaltblütige menschenverachtende Persönlichkeit« und habe »das Leben der Besatzung der *Lucona* skrupellos dem erhofften Gewinn untergeordnet« und in der Folge seine politischen Beziehungen bedenkenlos ausgenützt.

Unklar bleibt aber weiterhin, was genau an Bord der *Lucona* war und wie das Schiff gesprengt wurde.

// Hier machen wir einen harten Schnitt auf Schwarz und eine langsame Aufblende. Dazu spielen wir den Song *Hurt* von Johnny Cash: »*What have I become? / My sweetest friend / Everyone I know goes away In the end / And you could have it all / My empire of dirt / I will let you down / I will make you hurt …*« Okay? //

Ein leeres, kaltes Zimmer, eine kleine Küche, ein kleines Klo, ein kleines Bad. Jede Menge Bücher. Bücher, die mir mein Vater vor Jahren geschenkt hat. Die *Duineser Elegien* von Rilke. Frühe Gedichte von Rilke. Engelgedichte von Rilke. »*Ich ließ meinen Engel lange nicht los, / und er verarmte mir in den Armen / und wurde klein, und ich wurde groß: / und auf einmal war ich das Erbarmen, / und er eine zitternde Bitte bloß. / Da hab' ich ihm seine Himmel gegeben, / und er ließ mir das Nahe, daraus er entschwand; / er lernte das Schweben, ich lernte das Leben, / und wir haben langsam einander erkannt …*«

Aber da ist kein Engel. Ich bin in meiner Wohnung, die ist leer, die hat nicht auf mich gewartet. Mir kommt sogar vor, als würde sie sich abwenden von mir. Das ist meine Zelle, meine Einzelhaft, mein Tempel. Ich werfe den Schlüsselbund auf den Tisch, ich gehe zum Eiskasten, ich hole eine Flasche *Wyborowa* aus dem Gefrierfach.

Ich kann das Urteil nicht fassen. Ich kann nicht fassen, dass er es einfach so hingenommen und sich nicht verteidigt hat; dass er sich nicht vor die Geschworenen und die Richter hingestellt und gesagt hat: »So war das damals wirklich mit der *Lucona*. Das ist die ganze Wahrheit!« Er hat sich einfach anschütten lassen und ist jetzt ein »ein-g'nahta Frackler«, wie es bei denen heißt, die sich auskennen: ein Häftling auf Lebenszeit.

Und vor allem kann ich eeeeecht nicht fassen, dass ich jahrelang an Udos Unschuld geglaubt habe und er mich offenbar jahrelang belogen und betrogen und benutzt hat – und dass ich dabei nicht erkannt habe, nicht erkennen wollte oder nicht erkennen konnte, dass er doch tatsächlich *Der dritte Mann* ist und ich ein naiver Schreiberling bin, ein »gefährlicher Romantiker«.

Vielleicht hätte ich ihm manchmal besser zuhören sollen – wenn er zum Beispiel gesagt hat: »Auf dem Schiff war das drauf, was drauf war!« Oder: »Ich würde am liebsten von Österreich und auch von diesem ganzen Schiffsuntergang nichts mehr hören und sehen. Ich will am liebsten hier in Asien bleiben und von mir aus auch sterben, weil ich ja eh nichts mehr tun kann.« Und: »Ich bin ja nicht nur eines. Ich bin ja vieles!« Vor allem aber auch: »Manche Leute glauben, wenn sie fünf Seiten eines Würfels kennen, dass sie auch die sechste Seite kennen. Aber das stimmt nicht immer …«

Ich drehe den Fernseher auf, ohne Ton, ich springe durch die Kanäle, ich glotze auf das Fenster zur Welt, ich trinke Wodka in kleinen Schlucken, direkt aus der Flasche.

Die Fernsehbilder flimmern. Ich sehe Leute, Hunderte, Tausende irgendwo da unten, weit weg. Sie schneiden sich selbst mit Messern und Rasierklingen in die Stirn und in den Hinterkopf, das Blut fließt. Eine Mutter hält ihr kleines Kind einem Mann hin, der mit einem Messer dem schreienden Kind eine klaffende rote Wunde zufügt. Das Kind weint. Das sind unkommentierte Bilder des Tages auf dem Nachrichtenkanal. *No comment.*

Das Leben geht weiter. Ich verabschiede mich von meiner Wohnung und gehe ins *Ancora verde* in der Grünangergasse. Dort bin ich mit meinem schreibenden Freund Hermann Schürrer Ende der Siebziger sehr oft und gerne gehockt und abgesackt, und plötzlich sitzt er mir lächelnd und mit hochgezogenen Augenbrauen wieder vis-à-vis, obwohl er doch schon seit Jahren tot ist. Der Hermann hebt sein Bierglas, prostet mir zu und sagt: »Biron, indem du hier eintrittst, hast du bereits drei große Kämpfe in deinem Leben siegreich beendet: Hören, Sehen, Sprechen. Aber in deinem letzten Kampf hast du bis zu deinem Ende durchzuhalten – im Kampf gegen dein eigenes Herz.«

Flug 901 von Wien nach Moskau

Montag, 26. September 1960. 22 Uhr 20. Flug 901. Kennung: OE-LAF. Da kommt sie! Ist sie nicht wunderschön? Eine neue rot-weiß-rote *Vickers Viscount 837* der *Austrian Airlines* begibt sich in den Landeanflug auf den *Flughafen Moskau-Sheremetyewo*. Die Stewardessen verstauen benutzte Gläser und Geschirr in der Bordküche. Sie haben Kalbsbraten mit Reis serviert, Wein aus Gumpoldskirchen, danach Kaffee, Likör und Wiener Bonbons. Die *AUA* ist bekannt für ihren exzellenten Service. Die Passagiere sind satt und zufrieden: 19 Österreicher, sechs Russen, zwei Amis, zwei Inder, eine Australierin und ein Engländer. Seit seiner Taufe am 28. März 1960 trägt das Flugzeug den Namen des österreichischen Komponisten Joseph Haydn. Der Flug hat mehr als eine halbe Stunde Verspätung, weil das Wetter in der Sowjetunion Scheiße ist. So richtig Scheiße.

Es regnet hier seit Stunden, dicke Wassertropfen laufen außen über die Fenster der Kabine, ein paar Nebelfetzen fliegen in der dunklen Nacht vorbei, starke Windböen sorgen für Turbulenzen. Bis auf die Verspätung läuft aber alles nach Plan. Den kräftigen vier Turboprop-Motoren von *Rolls Royce* mit je 1.850 PS macht das Wetter nichts aus. Sie liefern ihren satten Sound und halten die Maschine auf Kurs, aber, Kalbsbraten hin oder her, die 31 Passagiere und sechs Besatzungsmitglieder wären froh, wenn sie schließlich wieder festen Boden unter den Füßen hätten.

Der Flug von Wien nach Moskau, mit einem Zwischenstopp im polnischen Warschau, dauert jetzt schon mehr als acht Stunden. Immer wieder melden sich die russischen Fluglotsen über Funk aus dem Tower von

Sheremetyewo und weisen der *AUA*-Maschine schließlich die Landebahn 07 zu. Die Motoren werden hörbar gedrosselt, und die Geschwindigkeit liegt nur noch bei 200 Stundenkilometern, als die Piloten Erwin Wilfing und Ferdinand Freisleben die Landeklappen und das Fahrwerk ausfahren. Noch sind es elf Kilometer bis zum Flughafen.

Scheiße. Scheiße. Scheiße.

Plötzlich sind da Baumwipfel vor dem Cockpit. Das Flugzeug ist zu tief. Viel zu tief. Es streift die Bäume. Kapitän Wilfing erschrickt, er will die Maschine in die Höhe ziehen, Kapitän Freisleben gibt Gas, die Motoren heulen auf, aber Flug 901 ist verloren und stürzt in den sumpfigen Wald von Krjukowo. Die *Viscount* zieht eine Schneise von fast 400 Metern durch das Gehölz. Der Treibstoff in den Flügeln explodiert, das Flugzeug beginnt zu brennen.

Seit dem 5. Juni 1959 steht Moskau auf dem *AUA*-Flugplan. Die Piloten und die Stewardessen nächtigen anfangs in einer Kaserne, später in einem abgeschabten Hotel ohne richtige Heizung und mit zugenagelten Fenstern, aus der Leitung fließt braunes Wasser.

Die Stewardess Maria Wernle denkt an das grausliche Wasser. Sie ist unverheiratet und kinderlos – und die einzige Überlebende der Besatzung. Mindestens 21 und höchstens 63 Kilo schwer müssen die Flugbegleiterinnen sein, die bei *Austrian Airlines* arbeiten. Sie dürfen keinerlei Schmuck tragen, und wer längere Haare hat, muss sie unter einer Perücke verstecken. Mit spätestens 35 Jahren ist Schluss mit der Bord-Karriere von Hostessen. Doch die meisten bleiben im Schnitt nicht länger als 29 Monate im Dienst, dann landen sie häufig in einem Ehehäf'n.

Maria Wernle ist 28 und steht unter Schock. Ihre Halskette mit dem goldenen Kreuz hat sie vor dem Abflug in die rechte Tasche ihrer Uniformjacke gesteckt. Jetzt umklammert sie das kleine Kreuz so fest, wie sie nur kann, und kriecht benommen aus dem Wrack. Ihre Strümpfe beginnen zu brennen, sie reißt sie sich hektisch von den Beinen. Wie in Trance versorgt sie einige schwer Verletzte, spricht mit ihnen und erstickt Flammen mit ihrer Uniformjacke. Doch es hilft nichts. Die Passagiere sterben lautlos. Da liegen Menschen mit abgetrennten Armen, die Flammen lodern, aber alles erscheint ihr sehr friedlich. Es regnet. Dann hört sie nach einer Ewigkeit die Motoren der Ambulanzen, die Sirenen der Polizei, die Stimmen …

Viele Jahre später wird sie in einem Interview mit der *Kleinen Zeitung* erzählen, dass sie an der Schwelle des Jenseits war: »Beim Hinüberdämmern habe ich unendliche Sanftheit erfahren. Der Tod verlor den Stachel, ich habe keine Angst mehr vor dem Sterben. Ich habe nach langem Krankenhausaufenthalt überlebt. Aber warum? Ich sehe die lebendigen Bilder vom Absturz heute noch vor mir.«

// Moment. Halt. Stopp. Retour. Ich sehe es an Ihrem fragenden Blick. An dieser Stelle brauchen Sie eine kurze Erklärung. Also, machen wir eine Pause. Zünden Sie sich eine Zigarette an und trinken Sie einen Kaffee, bevor Sie wieder auf dem Regie-Stuhl Platz nehmen. Na gut, dann ohne Zigarette. Ich erzähle Ihnen die *Back-Story* … //

Nach dem Krieg haben die Besatzungsmächte den Österreichern untersagt, in die Luft zu gehen. Aber kaum ist das Land frei, beginnt die Luftfahrt. Und zwar auf eine sehr österreichische Art und Weise. 1955. Da gibt es die *Kerzenschlucker* und *Die rote Brut*: die »schwarze« *ÖVP*-nahe *Air Austria* in Kooperation mit der niederländischen *KLM* und die »rote« *SPÖ*-nahe *Austrian Airways* in Kooperation mit der skandinavischen *SAS*. Geflogen wird aber weder bei der einen noch bei der anderen Fluggesellschaft, weil sie keine Flugzeuge haben. Sie haben nur Direktoren. Das sozialistisch geführte Verkehrsministerium will eine Fluglinie im Staatsbesitz, die *ÖVP*-Regierungsmitglieder plädieren für eine private Airline.

Nach einigen »Luftkampf-Gesprächen« kommt es im großen Sitzungssaal des *Creditanstalt-Bankvereins* am 30. September 1957 zu politischen Kompromissen und zur Gründung der *Österreichische Luftverkehrs Aktiengesellschaft (Austrian Airlines)*.

Eine moderne Fluggesellschaft braucht einen modernen Flughafen für Geschäftsreisende und Touristen. Und so entsteht ab 1956 auf dem Terrain des ehemaligen Nazi-Konzentrationslagers *Schwechat II* der *Flughafen Wien*, der am 17. Juni 1960 mit viel Trara eröffnet wird.

Während des Krieges bauen die *Heinkel*-Flugzeugwerke nach den Bombardierungen ihrer (und Udo Prokschs) Heimatstadt Rostock eine Außenstelle in Schwechat, in der 2.665 KZ-Häftlinge täglich zwölf Stunden Zwangsarbeit in der Produktion von Flugzeugteilen leisten. Der Lagerkommandant ist der berüchtigte Massenmörder *SS*-Hauptsturmführer Anton Streitwieser.

1960 wird hier ein Tor zur Welt aufgestoßen. Die *Arbeiter-Zeitung* nennt die Ankunftshalle einen »Glaspalast, der dank seiner 8.000 Leuchtstoffröhren ein feenhaftes Aussehen« hat. Und: »Wer die große Halle betritt, braucht nicht mit den schweren Eingangstüren zu raufen. Sobald ein Passagier den Kontaktteppich betritt, öffnen sich die Türen automatisch.« Begeistert ist die Öffentlichkeit auch vom Terrazzo-Boden, von der imposanten klassischen Wanduhr, den Mahagoni-getäfelten Check-in-Schaltern und den komfortablen Häus'ln.

// »Ton?« … »Läuft!« … »Kamera?« … »Läuft!« … »23, die dritte!« (Klappe!) »Und bitte …« //

Am Montag, dem 26. September 1960, um die Mittagszeit betritt Udo Proksch den Flughafen Wien. Er trägt ein weißes Hemd ohne Krawatte, darüber einen dünnen grünen Pullover und eine braune Jacke sowie eine braune Bundfaltenhose und klobige Schuhe. Er ist 26 Jahre alt und hat sich als junger Designer mit neuen Ideen da und dort schon einen Namen gemacht. Für Entwürfe von bedruckten Stoffen bekommt er 1956 den Italienischen Modepreis, für sein *Viennaline*-Brillendesign wird ihm bei der *Triennale Italia* eine Silbermedaille verliehen.

Udo Proksch sieht in Österreich zu wenige Möglichkeiten für seine Kreativität. Manchmal ist er sich selbst viel zu viel und hadert mit der Enge der Welt. Er ist fasziniert vom künstlerischen und geschäftlichen Potenzial der Sowjetunion und bietet am 4. Jänner 1959 einem diplomatischen Vertreter Moskaus in einem Telefonat seine Kooperation an: »Ich könnte in jeder formgebenden Industrie arbeiten und möchte mich gerne für ein bis zwei Jahre als vollwertige Arbeitskraft zur Verfügung stellen. Hochachtungsvoll …« Aus seiner Übersiedlung nach Russland wird zwar nichts, aber er fädelt mitten im Kalten Krieg hinter dem Eisernen Vorhang profitable Geschäfte für die oberösterreichische Firma von *Plastikkönig* Wilhelm Anger ein, lernt einflussreiche Funktionäre kennen und knüpft Kontakte zum sowjetischen Geheimdienst *KGB*. Auch dieses Mal möchte Udo wieder Geschäfte mit den *Kummerln* abschließen und kauft ein Ticket nach Moskau. Flug 901 um 13 Uhr 45 ab Wien über Warschau nach Moskau.

Die *Viscount* begibt sich in den Landeanflug auf *Sheremetyewo*. Die Stewardessen verstauen Gläser und Geschirr. An Bord sind vier Männer, die mit Diplomatenpässen reisen, gaaaaaaanz ganz wichtig und gaaaaaaanz ganz stark sind, von denen jeder ein freches Mundwerk bei den Stewardessen unter Beweis stellt. Aber das Leben kann auch die Wichtigen und die Starken erledigen.

Es sind vier amerikanische Spione, die in China gewesen sind und Top-Secret-Papiere mit sich führen, die mit Top-Secret-Papieren von der US-Botschaft in Wien an die US-Botschaft in Moskau geliefert werden sollen. Als Top-Secret-Diplomatengepäck wird das offenbar brisante Geheimdienstmaterial im Frachtraum der *Joseph Haydn* verstaut. Und der sowjetische *KGB*, der bereits Witterung aufgenommen hat, ist fest entschlossen, die umfangreiche Top-Secret-Fracht an sich zu reißen.

In der Abflughalle von *Wien-Schwechat* wird Udo Proksch über die Lautsprecher ausgerufen und zum Informationsschalter gebeten. Dort überreicht ihm eine freundlich lächelnde Hostess einen Telefonhörer. Nach einem kurzen Gespräch beschließt Proksch, nicht in das Flugzeug zu steigen und das bereits bezahlte Ticket verfallen zu lassen. Er nimmt ein Taxi zurück nach Wien. Unklar bleibt, wer ihn davor gewarnt hat, Flug 901 zu nehmen. Nach Jahren befragt, sagt er, es sei Intuition gewesen.

Später schwärmt die Stewardess Maria Wernle angeblich sogar von Udo, wie der Autor Helmut Schödel in der deutschen Wochenzeitung *der Freitag* in einem Artikel vermerkt: »Inzwischen weiß man, dass der sowjetische Geheimdienst das Flugzeug zu tief einfliegen ließ, weil Westagenten an Bord waren, und so stürzte es in einen Sumpf. Auch Proksch war auf diese Maschine gebucht, erschien aber nicht. (...) Jedenfalls flog er am nächsten Tag sofort nach Moskau, kümmerte sich um die Überlebende und versuchte, ihr in einen geordneten Alltag zurück zu verhelfen.«

Nun, diese Moskauer Samariter-Geschichte ist mir völlig unbekannt. Ich möchte aber auch nicht behaupten, alle Facetten des Udo Proksch zu kennen.

Im Abschlussbericht der Untersuchungskommission heißt es: »Das Flugzeug flog um 270 Meter zu tief.« Der Absturz von OE-LAF sei mutwillig herbeigeführt worden und das Top-Secret-Diplomatengepäck aus dem Flugzeugwrack in der KGB-Zentrale am Moskauer Lubjanka-Platz ausgewertet worden, wie ein hoher Mitarbeiter des österreichischen Heeresnachrichtenamts 1962 festgestellt hat.

»Der Kasko-Schaden in Höhe von 37 Millionen Schilling (nach heutiger Kaufkraft sind das an die neun Millionen Euro) kam noch vor Ablauf des Berichtsjahres zur Auszahlung, die Entschädigung der Hinterbliebenen und der Verletzten wurde direkt von den Versicherungsgesellschaften im Lauf des Jahres 1961 vorgenommen. Gerichtliche Interventionen gegen das Unternehmen erfolgten nicht« – so steht es im *AUA*-Geschäftsbericht.

Am 26. September 1960 hat Udo Proksch auf dem *Flughafen Wien* einen Schutzengel, der ihn davonkommen lässt. Am 2. Oktober 1989 wird er – damals Österreichs prominentester Justizflüchtling – auf demselben Flughafen vom berühmt-berüchtigten Polizisten Alfred *Django* Rupf verhaftet. Dazwischen liegt ein wildes Leben, das unter dem Proksch'schen Motto steht: »Seit ich auf der Welt bin, trainiere ich das Sterben.«

// Danke für Ihren spannenden Film! Das haben Sie sehr gut gemacht. Wir sehen uns bei der *Oscar*-Verleihung ... //

Epilog

APA Presse-Text. 28.06.2001. Graz/Wien – Udo Proksch gestorben. Er ist am Mittwoch, 27. Juni 2001 in der Nacht in der Intensivstation im Landeskrankenhaus Graz gestorben, wie der *ORF* im Radio-*Morgenjournal* meldete. Der wegen der *Lucona*-Versenkung eine lebenslange Haftstrafe verbüßende Ex-Besitzer der früheren Wiener *Hofkonditorei Demel* war in der Vorwoche wegen einer länger geplanten Herzoperation von der *Justizanstalt Graz-Karlau* in das Krankenhaus überstellt worden. Die behandelnden Ärzte hatten seinen Zustand als sehr kritisch bezeichnet. In einer Stellungnahme bestätigte die ärztliche Direktion des *LKH Graz* am Donnerstag früh den Tod von Udo Proksch. Demnach verstarb der Patient in den späten Abendstunden des Mittwochs an den Folgekomplikationen einer schwierigen Herzklappenoperation. Zuvor war noch am Mittwochnachmittag eine Herztransplantation durchgeführt worden. Wie es in der vom ärztlichen Direktor, Günther Bergmann, und dem Chef der Chirurgie, Karlheinz Tscheliessnigg, unterzeichneten Erklärung heißt, war es im Zuge der Operation vom vergangenen Montag zum Pumpversagen beider Herzkammern gekommen, so dass der Einsatz von Unterstützungspumpen erforderlich wurde. Zunächst habe sich dann der klinische Zustand stabilisiert. Über *Eurotransplant* konnte ein Spenderherz angefordert werden, das am Nachmittag des Mittwochs transplantiert wurde. In den späten Abendstunden sei es dann erneut zu einem Pumpversagen gekommen, das schließlich zum Ableben des Patienten geführt habe. Udo Proksch war 67 Jahre alt.

Anmerkung: Zum Begräbnis auf dem Heiligenstädter Friedhof in Wien kommen rund 300 Trauergäste, darunter seine Ex-Frau Erika Pluhar, der Wiener Alt-Bürgermeister Leopold Gratz, Ex-ORF-Generalintendant Teddy Podgorsky und Airliner Niki Lauda.

Und, nein, Udo Proksch ist nicht senkrecht begraben worden …

ORF Presse-Text. 24.09.2004. Wien – Proksch ist Musical-Star. Zurzeit läuft im Wiener Rabenhof auch ein Musical über Udo Proksch: *Udo 77* ist eine Infotainment-Show über Macht und Verschwörungstheorien, die sich um das Leben des ehemaligen *Demel*-Besitzers spinnen, und über die Möglichkeit und Unmöglichkeit, Promi-Biografien in musikdramatische Werke zu fassen. Die Netz-Musical-Theater-Produktion des Künstler-Kollektivs *monochrom* gilt als erstes Musical der Welt mit Fußnoten und Publikumsbeteiligung. Gemeinsam mit dem FM4-Soundpark, der kürzlich mit dem *Prix Italia* ausgezeichneten ORF-Medienplattform für österreichische Musiker, und renommierten Musikern der österreichischen Elektronik-Szene wurde der Soundtrack zum Musical erarbeitet. Musikerinnen und Musiker hatten via FM4-Contest die Möglichkeit, musikalische Beiträge einzusenden, die ins Musical einflossen. Drei Werke schafften es in den *Rabenhof* – ausgestattet mit vielen Vorschuss-Lorbeeren. Denn die Stücke von Max of Prey, From Beyond Inc. Allstars und Peter Dusl ließen die Contest-Jury »edelbaff« zurück und wurden als »grandiose melancholische Elektrodüsterkeit«, »blubber-krautrockig« und »springinkerlig loveboatesk« beschrieben.

Anmerkung: Es gibt Menschen, die sind auch im Tod ohne Ruhe. Dass sich Udo Proksch als Bühnenfigur eignet, steht außer Frage. Dass er singt, kommt aber eher überraschend. Denn gesungen hat der Kerl nie.

APA Presse-Text. 26.08.2006. Wien – Nachlass von Udo Proksch entdeckt. Der Fotoexperte und Museumsbetreiber Peter Coeln (*WestLicht*) hat den Nachlass von Udo Proksch erworben. Mit Hilfe von Prokschs Brüdern Rüdiger und Roderich gelang es Coeln, eine Sammlung aus Objekten, Fotografien, Filmen, Gemälden, Kunstwerken, persönlichen Briefen, privaten Aufzeichnungen, kreativen Entwürfen und zahllosen Notizen aus mehreren Quellen zusammenzutragen. Das Konvolut – ein Gesamtdokument des Lebens und Werks von Proksch aus dem Zeitraum von 1950 bis zu seiner Inhaftierung 1990 – umfasst etwa 60 Kisten und wird derzeit von zehn Kunststudenten mit Hilfe der intimen Kenntnisse von Rüdiger Proksch aufgearbeitet. Peter Coeln will mit der Aufarbeitung und Verwertung dieser Sammlung den Blick der Öffentlichkeit vor allem auf den Designer, Créateur und Erfinder Udo Proksch (alias Serge Kirchhofer) lenken. Der gelernte Landwirt Proksch avancierte nach seinem Studium an der Hochschule für angewandte Kunst Anfang der 1960er zum genialen Gestalter avantgardistischer Schmuck- und Brillenmodelle (*Viennaline, Carrera, Porsche Design, Serge Kirchhofer*). Später wurde Proksch Geschäftsführer und Miteigentümer der Nobelkonditorei *Demel*, wo auch der berühmt-berüchtigte *Club 45* untergebracht war. Teile des Nachlasses zeigen Prokschs mannigfaltige Geschäftsideen und Projekte mit Faksimiles und Fotos, etwa Dokumente über den *Verein der Freunde der Senkrecht-Bestattung* oder Material zu seinen zahlreichen militärischen Entwicklungen und Experimenten. Eine Vielzahl von Briefen berichten von Prokschs intensivem politischen, privaten und künstlerischen Beziehungsleben. Es liegen u. a. Originale der Korrespondenz mit Karl Lütgendorf, Leopold Gratz, Bruno Kreisky, Imelda Marcos, Friedensreich Hundertwasser, Erika Pluhar, Daphne Wagner und vielen anderen vor.

Die wissenschaftliche Aufarbeitung der Entwürfe und Prototypen, die Udo Proksch als Designer hinterlassen hat, soll in einer Kooperation mit der Wiener *Universität für angewandte Kunst/Institut für Design* umgesetzt werden. Peter Noever wird im *MAK* eine Ausstellung gestalten, die Proksch als Designer zeigt. Peter Coeln will in seinem eigenen Museum *WestLicht* die fotografische Sammlung präsentieren, die viele Werke berühmter zeitgenössischer Fotografen, wie Roland Pleterski (ein Schüler von Irving Penn) oder Elfie Semotan, beinhaltet. Zu den Ausstellungen sind ein umfassender Fotoband unter Mitwirkung eines Historikers und eines Experten für Design geplant sowie ein Dokumentarfilm, der Ausschnitte aus Prokschs bislang verschollenem einzigen Spielfilmprojekt *Simplicius Simplicissimus* zeigt.

Der einzigartige Nachlass ist vor allem Udo Proksch selbst zu verdanken, der Zeit seines Lebens alles gesammelt hat und keine Niederschrift, kein Foto, keinen Brief wegwarf. Peter Coeln betont, mit dieser Aufarbeitung kein politisches Statement abgegeben zu wollen, sondern den »Schöpfer« Proksch in Erinnerung zu rufen, der im Zuge der *Lucona*-Affäre der Öffentlichkeit weitgehend abhanden kam.

FilmABC Presse-Text. 01.12.2010. Wien – Dokumentarfilm »Out of control«. Udo Proksch alias Serge Kirchhofer war ein Mann mit vielen Gesichtern, ein Mörder mit Künstlerherz. Er entwarf futuristische Brillenfassungen und erdachte sich eine neue Bestattungsmethode in senkrechten Plastikröhren. Unentwegt plante er grandiose Projekte, faszinierte Freunde und Widersacher mit bizarren Geschäftsideen. Er ließ sich mobile Fabriken für Kunststoffpanzer einfallen oder wollte gleich die gesamte Landesverteidigung revolutionieren. In Landsknecht-Manier besetzte der »Herr Udo« das bürgerliche Territorium der Zuckerbäckerei *Demel* und gründete dort einen elitären Klub für aufgeblasene Herren und willige Damen, den legendären *Club 45,* in den biedermeierlichen Räumen am Kohlmarkt, seiner Schaltzentrale, knüpfte dieser Wiener Dr. Mabuse ein Netzwerk, in dem sich jedermann mit Rang und Namen verfing. Der einzige Beruf, den er, der einstige Schüler einer nationalsozialistischen Kaderschmiede, tatsächlich erlernt haben will, war jener des Schweinehirten. In den vielen anderen Bereichen, in denen er zeit seines Lebens tätig wurde, war er ein begnadeter Dilettant. Er war besessen von einer eigenwilligen Vorstellung eines Gesamtkunstwerks, dem er sich in seinem napoleonischen Wahn verschrieben hatte.

In seinem Dokumentarfilm *Udo Proksch – Out of control* hat Robert Dornhelm nicht nur das Mosaik einer schillernden Biografie zusammengefügt. Sein Film ist zugleich ein bedeutendes zeitgeschichtliches Dokument einer bewegten Epoche und lässt die wichtigsten Repräsentanten dieser Zeit lebendig werden. Zeitzeugen, Freunde, Weggefährten und Lebenspartnerinnen geben in Interviews Auskunft über den irrwitzigen Lebensweg eines

Mannes, der niemanden gleichgültig ließ. Bruno Aigner, Sprecher des Bundespräsidenten Heinz Fischer und einst erbitterter Kritiker der Clique in den Klubräumen des *Demel*, erinnert sich an die zweifelhafte Gesellschaft und deren Machenschaften. Einstige Bekannte, Karl Fürst Schwarzenberg, Niki Lauda, Teddy Podgorski und der Gesellschaftsjournalist Roman Schliesser, schildern ihre Begegnungen und die tollkühnen Streiche, die Udo spielte. Der Brillenfabrikant Wilhelm Angerer berichtet von der Zeit, in der er den jungen Kunststudenten zum Chefdesigner seines weltweit erfolgreichen Unternehmens machte. Peter Daimler, der engste Mitarbeiter von Udo Proksch, ruft die Tricks und Finten in Erinnerung, mit denen der gewitzte Aufschneider das ganze Land hinters Licht führte. In seinem letzten ausführlichen Interview entwirft Helmut Zilk, der verstorbene ehemalige Bürgermeister von Wien, noch einmal das politische und soziale Panorama einer Gesellschaft, die dem Puppenspieler Udo Proksch hörig war.

Anmerkung: Bereits 2007 bekommt der Wiener Fotograf Manfred Klimek vom Wiener Filmfonds eine Förderung für sein Projekt *Udo Proksch – Desperado* und holt prominente Zeitzeugen vor die Kamera. Nach internen Differenzen mit Co-Produzent Peter Coeln wirft Klimek hin, und Robert Dornhelm übernimmt.

ORF Presse-Text. 27.06.2011. Wien – erLesen, *die Büchersendung*. Auf den Spuren eines menschgewordenen Symptoms – des Mannes, der aus dem Nichts kam und eine Republik in Atem hielt. Die Rede ist vom Politikerfänger und Mörder Udo Proksch. Journalistin Ingrid Thurnher hat sich auf Spurensuche begeben und die Resultate niedergeschrieben. Warum sie den sechsfachen Mörder in ihrem Buch beim Vornamen nennt, obwohl sie ihn nur einmal getroffen hat, und wie er es ihrer Meinung nach schaffte, Menschen in seinen Bann zu ziehen, verrät sie in Heinz Sichrovskys Bücherwelt.

Udo Proksch sei als »kumpelhafter Typ« aufgetreten, der mit jedem »auf du und du« sein wollte. Außerdem sei er ein »unglaublich lästiger Mensch« gewesen und ein »genialer Verkäufer seiner Ideen. Er konnte sich gut in Szene setzen«, betont die anerkannte Journalistin. Andernfalls scheint es für sie unerklärbar, dass er Leute von Format auf seine Seite bringen konnte. Ebenso hat er die Frauenwelt auf den Kopf gestellt. Neben der Burgschauspielerin Erika Pluhar war Proksch auch mit Richard Wagners Urenkelin Daphne Wagner sowie mit Ariane Glatz verheiratet. »Er konnte vermutlich sehr charmant sein«, meint Thurnher. Proksch habe sich zwar gern mit tollen Frauen geschmückt, seine Hingabe ihnen gegenüber sei allerdings nie von Dauer gewesen. Auf Ingrid Thurnher wirkte Proksch alles andere als anziehend. Als sie ihn getroffen hatte, stand er kurz vor dem Urteil »lebenslang«: »Er war schwer übergewichtig und hatte das Gesicht operiert – ein pummeliger Mensch.«

westlicht.com Presse-Text. 02.12.2019. Wien – Aus dem Archiv von Udo Proksch. Er war ein Mann der vielen Gesichter: Schweinehirt, Künstler, Lebemann, begnadeter Netzwerker, Menschenfänger, ein verurteilter Mörder und im grauen Wien der 1960/70er-Jahre das schillernde Zentrum der Gesellschaft. 30 Jahre nach seiner Verhaftung präsentiert das Buch *Udotopia* nun die erste umfassende Auseinandersetzung mit seinem gestalterischen Werk. Im

Fokus des luxuriösen Bandes – Hardcover 26,5 x 36 cm, 456 Seiten, Titelprägung, farbiger Schnitt, verwahrt in einer nicht minder edlen Box – steht dabei der rastlose Designer Proksch, der mit seinen extravaganten Brillenentwürfen die Marken *Viennaline* und *Carrera* international groß machte, bevor er unter dem Pseudonym Serge Kirchhofer seine eigene Kollektion kreierte, und der seiner Zeit nicht nur in seiner gestalterischen Vision, sondern auch in seinem Verständnis von Marketing und Werbung weit voraus war.

Die australische Autorin Luisa Jean Cooper hat sich für ihre Recherche intensiv in den Nachlass von Udo Proksch vertieft, der von *WestLicht*-Vorstand Peter Coeln erworben wurde. Eine Auswahl von 1.000 Brillenmodellen, 6.000 Skizzen und 100 Kunstwerken aus dem Archiv wird nun in der reich bebilderten und aufwändig gestalteten Publikation erstmals der Öffentlichkeit zugänglich gemacht und erlaubt einen Einblick in Prokschs kreativen Geist. Seine Brillenentwürfe werden von *Brando Eyewear* neu aufgelegt und im Rahmen der Veranstaltung ebenfalls präsentiert.

»Udo Proksch war unberechenbar. Er hatte bahnbrechende Ideen, aber irgendwo zwischen dem Perfektionismus seiner Schöpfungen und seinem Machthunger ist er gescheitert. In einem Land wie Österreich, dessen Geschichte an brillanten, unkonventionellen Persönlichkeiten in Kunst und Kultur nicht gerade arm ist, war eine Figur wie Udo bei aller Polarisierung sicher eine Seltenheit. Allerdings ist Proksch als Krimineller in die Geschichte eingegangen und nicht als schöpferisches Genie. Hier nun geht es gerade darum: Udo Proksch, der kreative Kopf«, sagt Autorin Cooper.

»Mit diesem Buch öffnen wir auch ein Zeitfenster unserer jüngsten Vergangenheit, das bis jetzt verschlossen war«, so Coeln. »In einer politisch sehr bewegten Zeit ist der Blick auf das Leben und Wirken von Udo Proksch durchaus wichtig, denn er zeigt, wozu Persönlichkeiten fähig sind – im Guten wie im Schlechten.«

Anmerkung: »Ich hasse Brillen und ich scheiß' auf Design!« (Udo Proksch, 1986)

Zeittafel Udo Proksch

Am Start

29.05.1934: geboren als Udo Rudolf Proksch in Rostock an der Ostsee.
Mutter: Anna Elisabeth Katharina Proksch geb. Eidt (1913–2009)
Vater: Rudolf Franz Proksch (1908–2000)
Geschwister: Rüdiger (*1935), Roderich (*1938), Rodtraud (1946), Rodlinde (1941–1945)

Private Allianzen 1962–2001 (Auswahl)

1962–1967: Ehe mit Erika Pluhar
Tochter: Anna Proksch (1962–1999)

1967–1968: Ehe mit Daphne Wagner
1969–2001: Ehe mit Ariane Glatz
Sohn: Stefan Drusius Ingomar (1969–1975)

Cäcilie Christine Caroline Maria Immaculata Michaela Thadäa Altgräfin zu Salm-Reifferscheidt-Krautheim und Dyck (CIC)
Sohn: Benvenuto Ivan Walodia Mc-Rudolf Altgraf zu Salm-Reifferscheidt-Krautheim und Dyck (*1974)
Tochter: Laura Marizzina Isabelle Leopoldora Altgräfin zu Salm-Reifferscheidt-Krautheim und Dyck (*1976)

Alexandra von Colloredo
Sohn: Jurij (*1981)

Udos Leer- und Lehrjahre

1939: Volksschule, München
1943–1944: Volksschule Neustift am Walde, Wien
1944–1945: Napola Erziehungsanstalt Bischofshofen, Salzburg
1945–1948: Hauptschule Lend, Salzburg
1948–1950: Landwirtschaftslehre: Schweinezucht, Anif, Salzburg
1950–1951: Hilfsarbeiter in der Alu-Gießerei Lend, Salzburg
1952: Höhere Bundeslehranstalt für Alpine Landwirtschaft, Seefeld, Tirol
1953: Kunstgewerbeschule, Abteilung Textil, Salzburg
1953: Gastschüler des Reinhardt-Seminars, Wien
1954: Bergarbeiter Zeche Bergwerks AG, Gelsenkirchen, BRD
1954–1958: Akademie für angewandte Kunst, Wien

Udo Proksch als Designer

1957–1976: Designer und Art-Director der Firma Wilhelm Anger, Traun bei Linz, Oberösterreich, bzw. Wien
Viennaline – Brillenmode aus Wien
Carrera – Skibrillen
Serge Kirchhofer – Schmuckbrillen
Kunststoffprodukte und Maschinen-Design (Fa. Anger)

Internationale Preise und Auszeichnungen

1956: Italienischer Modepreis in Venedig, Entwürfe für Druckstoffe

1960: Silbermedaille *Triennale* Italien für *Viennaline*-Brillen
1962: Staatspreis vom Österreichischen Institut für Verpackungswesen und dem Österreichischen Handelsministerium
1973: Euro=Star-Preis: Europäischer Verpackungswettbewerb
1974: Euro=Star-Preis: Europäischer Verpackungswettbewerb

Udo On the Road

1951: Weltreisen nach New York, San Francisco, Honolulu, Siam, Tokyo, Indien, Afghanistan, Persien; Arbeit in den USA als Kellner in Aspen, Statist in Hollywood (mit Hans Neuffer).
1957: Weltjugendfestspiele (mit Hans Neuffer, Rudi Wein), Moskau, UdSSR
1964: Mailänder Industrie-Messe, *Viennaline*-Modelle mit Werken österreichischer Künstler: Ernst Fuchs, Robert Klemmer, Hans Neuffer, Wolfgang Hutter, Arik Brauer, und Friedensreich Hundertwasser, Italien.
1964: Internationaler Optiker-Kongress in Kopenhagen, *Viennaline*- Modelle mit Werken österreichischer Künstler: Ernst Fuchs, Wolfgang Hutter, Arik Brauer und Friedensreich Hundertwasser, Dänemark.
1965: Mit Wilhelm Anger auf der Moskauer Chemie-Ausstellung, mit Brillen, Kunststofftüren und Extruder, UdSSR.
1966: Unvollendetes Spielfilmprojekt *Simplicius Simplicissimus* mit Erika Pluhar, Marisa Mell und Kurt Kalb.

1967: Bewerbung um den Posten des ORF-Generalintendanten
1968: Mitherausgeber der *Opus-Dei*-Zeitschrift *Analyse*, Wien
1969/1970: Gründung des *Vereins der Freunde der Senkrecht-Bestattung* – u. a. mit Helmut Zilk, Erika Pluhar, Hans Dichand und Helmut Qualtinger.
1975: *CUM (Civil und Militär)*-Gründung mit Teddy Podgorski, Sammlung von Großwaffen des letzten Krieges für einen »Park des Friedens«.
1978: Besuch bei Imelda Marcos, Vorgespräch Staatsbesuch in Österreich, Manila, Philippinen
1979: Initiierung der Werbekampagne *Geschichten vom Dr. Kreisky*

Ch. Demel's Söhne Ges.m.b.H.

1972–1991: Mitbesitzer und Hausherr der *K.u.K. Hofzuckerbäckerei Demel* am Kohlmarkt 14, Wien
1972: Gründung des *Club 45*, im 1. Jahr im 1. Stock, anschließend im 3. Stock. Zweck des Vereines: Die Pflege kultureller und gesellschaftlicher Kontakte zwischen den Mitgliedern. Die Durchführung von Veranstaltungen gesellschaftlicher oder kultureller Natur, beschränkt auf den Kreis der Mitglieder und ihrer Gäste. Die Tätigkeit des Vereines erfolgt nicht zum Zwecke eines finanziellen Gewinns.
1976: Gründung von *Wien International*, 1. Jahr im 3. Stock. Verein für internationale Kontakte im Auftrag des Bürgermeisters von Wien für die Beziehungen zwischen dem in Wien akkreditierten Diplomatischen Corps, den in Wien stationierten internationalen

Behörden, ihren Mitarbeiterstäben sowie den Angehörigen mit Vertretern, Verwaltung und Bürgern Wiens. Firmensitz der *SK-Ges.m.b.H.* (Serge Kirchhofer)
1987: Vorbereitung einer *Demel*-Filiale in Tokyo, Japan

Firmen-Gründungen und Beteiligungen (Auswahl)

1962–1963: *Artplast GmbH Kunststofferzeugnisse*, Hutthurm bei Passau, BRD
1964–1987: *Studio für Werbegestaltung Ges.m.b.H.*, Wien
Brillenfabrik *Optico*, Oberhöflein, Niederösterreich
Kibolac Trade Ges.m.b.H. (mit Rudolf Wein), Wien
Ideologisches Management der Beziehungen zwischen Ost und West in Österreich; Handelsbeziehungen und Konzentration der westdeutschen Industrie über den Raum Wien nach der UdSSR und zurück, mit Rheinstahl-Henschel-Gruppe, Lizenzhandel für Industrieanlagen, Patente-Know-how; Verkauf sowjetischer Schallplattenlizenzen an Bertelsmann-Ariola.

»Fährt ein weißes Schiff nach Hongkong …«

04.01.1977: Beladung des Frachters *Lucona* in Chioggia bei Venedig, Italien
06.01.1977: Abfahrt des Schiffes mit offiziellem Ziel Hongkong
23.01.1977: Die *Lucona* sinkt im Indischen Ozean nach einer Explosion, bei der sechs Menschen sterben und sechs überleben.
15.02.–28.02.1985: Udo Proksch und sein Geschäftspartner Hans Peter Daimler werden in Wien

in U-Haft genommen und insgesamt 53 Mal vernommen.

13.10.–17.10.1986: Udo Proksch und Hans Peter Daimler werden ein zweites Mal in Wien in U-Haft genommen.

Jänner 1988: Flucht nach Asien, Gesichtsoperation in Manila, Philippinen

02.10.1989: Verhaftung auf dem Flughafen Wien-Schwechat

30.01.1990: Beginn des Prozesses wegen Versicherungsbetrugs in Höhe von 212 Millionen Schilling, die Anklage wird später auf sechsfachen Mord und sechsfachen Mordversuch ausgedehnt.

31.01.–13.02.1991: Die auf Tiefsee-Bildaufnahmen spezialisierte US-Firma *Oceaneering* sucht und findet schließlich das Wrack der *Lucona* rund 200 km nördlich der Malediven in 4.197 Metern Tiefe am Grund des Indischen Ozeans.

11.03.1991: Verurteilung wegen sechsfachen Mordes, Mordversuchs, vorsätzlicher Gefährdung durch Sprengmittel und versuchten schweren Betrugs zu 20 Jahren.

28.02.1992: Im Berufungsverfahren wird Udo Proksch zu lebenslanger Haft verurteilt. In der *Strafvollzugsanstalt Graz-Karlau*, Steiermark, leitet er in der Folge die Gefängnisbibliothek.

27.06.2001: Tod in Haft mit 67 Jahren nach einer Herztransplantation im *Landeskrankenhaus Graz*, Steiermark.

Ende Gelände. Aus die Maus.

Udo Proksch ist auf dem Heiligenstädter Friedhof in Wien (Teil A, Gruppe TO, Nummer 26B) begraben.

Bonus-Material

Die Begegnungen mit Udo Proksch haben mich nachhaltig inspiriert. Meine schriftstellerische Arbeit ist durch viele Erlebnisse mit ihm beeinflusst worden, was zum Beispiel auch in der folgenden Story zu erkennen ist …

Manila Blues

Vor zehn Jahren habe ich im Dreck gelebt. Da war überall Dreck. Und ich war mittendrin in diesem Dreck. Ich schlief in diesem Dreck, ich arbeitete in diesem Dreck, ich kämpfte in diesem Dreck. Ich glaube sogar, ich war selber Dreck.

Ich habe mich selbst auf die Müllhalde geworfen. Einfach weggeworfen.

Aufgegeben.

Vielleicht wollte ich mich loswerden? Ich weiß es heute nicht mehr. Jedenfalls bin ich zwischen verschimmelten Papierfetzen, leeren Konservendosen, rostigen Eisenstangen, zusammengeflickten Schiffskisten gelandet; und ein Fahrrad ohne Räder gab es auch.

Da war stinkender Abfall, Müll und Dreck. Meine ganze Welt war Dreck. Und ich fühlte mich wohl in diesem Dreck. Ich war sogar glücklich.

Wenn ich heute daran zurückdenke, glaube ich, dass ein anderer diese Erlebnisse hatte. Das kann nicht ich gewesen sein. Das war das Leben eines anderen. Ein anderer lebte damals am Stadtrand von Manila im Dreck. Nicht ich! Aber wenn ich mein Hemd öffne und die große Narbe auf meinem Bauch sehe, dann weiß ich es wieder ganz genau: Ich habe im Dreck gelebt. Da war überall Dreck.

Und ich war mittendrin in diesem Dreck.

Als Reporter war ich auf die Philippinen gekommen, um mich mit einem Wiener Zuckerbäcker zu treffen, der kein Zuckerbäcker war; um ein Gespräch zu führen mit diesem Flüchtling, nach dem die Polizei auf der ganzen Welt suchte; um eine Story zu schreiben über ein Frachtschiff, das vor vielen Jahren im Indischen Ozean versenkt worden war.

Ich nahm eine Suite im *Manila Hotel*, oben im letzten Stock, und ich konnte über die große Bucht schauen. Es war ein riesiges Zimmer mit wertvollen Möbeln, schweren Vorhängen und amerikanischen Fernsehprogrammen, und abends servierte man Lachs.

Schließlich traf ich mich an einem verschwiegenen Ort mit dem Zuckerbäcker, den zu Hause alle einen Mörder nannten, und er fluchte laut und weinte leise und er war fürchterlich sentimental. Zum Abschied gab ich ihm traurig die Hand.

Nachts schrieb ich meine exklusive Story und schickte sie an die Zeitungsredaktion nach Wien. Und meine Freunde ließ ich wissen, dass ich noch eine Weile hierbleiben würde.

In Manila.

Nur ein paar Tage. Nicht länger. Eine Woche vielleicht. Höchstens zwei. Träumen. Ausspannen. Nachdenken.

Ich verließ das Hotel und kam erst nach einem halben Jahr wieder zurück.

Niemand hatte mit meiner Rückkehr gerechnet. Man hielt mich für tot. Der Hoteldirektor hatte mein Gepäck im Keller verstauen lassen und die Polizei benachrichtigt. Man hatte nach mir gesucht und mich nicht gefunden. Nach ein paar Tagen waren sie überzeugt, dass man mich ermordet und meine Leiche irgendwo verscharrt hatte.

Meine Rückkehr feierte man mit Champagner, und sie wollten wissen, wo ich in der Zwischenzeit gewesen war.

Ich sagte es ihnen.

Ich habe im Dreck gelebt. Da war überall Dreck. Und ich war mittendrin in diesem Dreck.

Ich hatte das *Manila Hotel* vor sechs Monaten verlassen und eine Bar gesucht. Irgendeine Bar. Ich ging zu Fuß durch die schwüle Nacht. Ich verschenkte ein bisschen Geld an bettelnde Kinder und weinende Mütter, die in Kartonschachteln auf der Straße schliefen. Ich kaufte Zigaretten bei einem alten Mann, der ein paar Orden auf der Brust hatte. Zwei amerikanische Soldaten nahmen mich in eine Bar mit, in die *Red Rose Bar*, in der junge schlanke nackte Mädchen auf der Theke tanzten.

Die Soldaten steckten ihnen zusammengerollte Dollar-Scheine in die Mösen, und die Mädchen lachten.

Wir tranken eine Flasche *Jack Daniel's* leer und wurden von einem der jungen schlanken nackten Mädchen nach hinten in ein Club-Zimmer geführt, wo sich ein hübscher Filipino auf einer kleinen Bühne mit einem amerikanischen Matrosen vergnügte und sich dabei von einer Gruppe japanischer Touristen fotografieren ließ.

Ich sagte den beiden Soldaten, dass ich genug von diesen Shows hätte. Ich wollte raus hier. Brauchte frische Luft. Wollte durchatmen und schnell wieder nüchtern werden. Ich wollte zurück in meine Suite, aber die Amis wollten mich nicht gehen lassen, sie drückten mich auf eine Bank und bestellten noch eine Flasche *Jack Daniel's*. Der amerikanische Matrose verschleuderte seinen Samen, und die japanischen Touristen applaudierten. Meine Soldaten lachten und klopften mir auf die Schulter, und ich trank, so schnell ich konnte.

Als ich am nächsten Morgen aufwachte, lag ich auf einer Müllhalde. Es war eine riesige Müllhalde mit Bergen aus Müll, und ich hatte eine blutende Wunde auf der linken Schläfe. In der Ferne sah ich ein paar gelbe Caterpillar, die den Müll verteilten. Ein paar Vögel hackten kreischend aufeinander ein und kämpften um ihre Beute. Zerlumpte Kinder liefen umher und suchten nach Dingen, die sie brauchen oder vielleicht sogar verkaufen konnten. Ich war auf einer Müllhalde gelandet, ich hatte nur noch meine Unterhose an, sonst nichts. Es war eine bunte Unterhose mit kleinen pornografischen Zeichnungen, die mir eine Freundin aus Berlin vor ein paar Wochen zum Geburtstag geschenkt hatte. Alles andere hatte man mir gestern genommen. Meinen Pass, meine Kreditkarten, mein Geld. Die Uhr.

Irgendwer hatte mich hier abgeladen. Ich konnte mich an nichts erinnern. Und wahrscheinlich hatten die Kinder, die auf der Müllhalde lebten, mich in der Früh entdeckt und meine Schuhe gestohlen, die Socken und die Hose, mein Hemd und meine Jacke. Nur diese idiotische Unterhose hatte ich noch.

Ich hatte von dieser Müllhalde gehört: *Smokey Mountain*. Ein 40 Meter hoher Müllberg, der als Wahrzeichen galt. Tausende lebten hier. Straßenhändler verkauften alles, auch bunt gefärbte Hühner … Die Sonne stand jetzt hoch am Himmel und heizte den Müll auf, es stank fürchterlich, und ich kotzte auf eine tote Ratte.

Eine junge Frau kam vorbei, sie hatte zwei kleine Buben bei sich, hielt sie an den Händen und starrte mich neugierig an. Sie waren auf der Suche nach brauchbaren Abfällen.

Als die Frau die Zeichnungen auf meiner Unterhose entdeckte, begann sie zu lachen. Ich konnte nicht lachen. Ich hatte Kopfweh und fühlte mich elend, die Sonne blendete mich.

Die Frau ließ die Buben stehen und kam vorsichtig näher. Ich konnte sehen, dass sie ein zerrissenes rotes Kleid anhatte und dass ihre Haut voller Schorf und Krätze war. Sie sah furchtbar aus, starrte auf die Zeichnungen und lachte wieder. Sie war ungefähr Mitte zwanzig, aber sie hatte keinen einzigen Zahn im Mund und sah seeeeeeeehr viel älter aus. Hätte sie eine reine Haut und Zähne im Mund gehabt, dann wäre sie sicherlich eine schöne junge Frau gewesen, aber so sah sie aus wie der Abfall, nach dem sie und ihre Kinder suchten.

Sie sagte mir, dass sie Imelda hieß, ihre Eltern hatten sie nach der ehemaligen First Lady benannt, und sie meinte, dass ich ihr folgen sollte. Ich fragte nach einem Taxi, aber sie schwieg. Sie ging mit den Kindern voraus, und ich stolperte hinter ihr her. Überall lagen Glasscherben, und ich zerschnitt mir beim Gehen die Füße, scharfe Glassplitter bohrten sich tief in meine Haut, und bald waren meine Füße voller Blut. Mehr als eine Stunde marschierten wir durch den Müll, und als wir bei einem alten Fahrrad vorbeikamen, das keine Räder hatte, bat mich Imelda, das rostige Stück mitzunehmen.

Imelda lebte mit ihren Kindern in den Slums neben der Bahnlinie. Links und rechts von den Geleisen hatten die Menschen Baracken hingestellt, kleine Hütten aus Holz, aus Lumpen und Metall. Es gab keinen Strom, kein Wasser, keine Kanäle. Aber es war nicht weit zur Müllhalde, und die Leute dieser Siedlung lebten von der Müllhalde.

Sie gingen jeden Morgen hinaus und suchten nach Müll, der sich vielleicht verkaufen ließ oder den man selbst brauchen konnte. Außerdem fuhr jede Stunde ein Zug vorbei, und manchmal warfen die Passagiere Speisereste oder andere Dinge aus den Fenstern.

Imelda hatte keine Hütte, sie hatte kein Dach über dem Kopf, sie besaß nur ein Bett und ein paar alte Schiffskisten, in denen sie irgendwelchen Müll aufbewahrte. Das Bett war ein breites Bett aus Metall, ohne Matratze und ohne Bettzeug, nur eine große blasse amerikanische Flagge lag über den Metallfedern, und dieses Bett stand zwischen den beiden Geleisen. Links und rechts verliefen die Schienen. Auf diesem Bett wohnte sie mit ihren Kindern, die sie Yin und Yang nannte.

Als sie mich in die Siedlung mitbrachte, liefen die Menschen zusammen. Sie lachten über die Zeichnungen auf meiner Unterhose, und Imelda gab mir schnell die Flagge, in die ich mich wickeln konnte. Ich war erschöpft und gedemütigt. Ich wollte zurück zu meinem Hotel. Ich musste meine Kreditkarten sperren lassen, meine Wunden versorgen, ein Bad nehmen und diesen Albtraum schnellstens vergessen. Ich fragte nach einem Taxi, aber hier bei den Baracken gab es keine Taxis, und niemand schien das *Manila Hotel* zu kennen. Sie zuckten mit den Achseln: Keiner von ihnen konnte mir sagen, in welcher Richtung das Zentrum von Manila lag. Sie waren noch nie dort gewesen.

Ich wollte es trotzdem versuchen, wollte zu Fuß gehen, aber meine zerschnittenen Fußsohlen brannten, und ich gab den Versuch nach ein paar Metern wieder auf. Müde setzte ich mich auf das Bett zwischen den Geleisen, als ich das Pfeifen einer Lokomotive hörte. Ein Zug kam, er war schmutzig-braun und ratterte durch die kilometerlange Barackensiedlung, ein paar Kinder liefen hinter den Waggons her und sammelten alles auf, was die Leute aus den Fenstern warfen: zerfledderte Zeitungen, angeknabbertes Brot, zerknüllte Papierbecher, leere Dosen.

Der Zug raste vorbei und wirbelte Staub auf.

Imelda verlangte meine Unterhose, sie wollte sie irgendeinem Polizisten verkaufen, der für diese Barackensiedlung zuständig war, und ich gab sie ihr. Sie sah sich die Zeichnungen aus der Nähe an und schüttelte amüsiert den Kopf. Dann nahm sie ihre Söhne und ging weg. Ich legte mich auf das Bett, eingewickelt in die Flagge und schlief ein. Ich schlief ungefähr eine Stunde. Dann kam ein Zug aus der anderen Richtung.

Imelda hatte meine Unterhose eingetauscht und brachte ein paar Dosen *San-Miguel*-Bier und eine alte Polizeiuniform mit, Jacke und Hose, die mir halbwegs passten. Dann nahm sie meine Füße in die Hände und untersuchte die Wunden. Mit einem Zipfel ihres Kleides wischte sie den Staub von der Haut, sie kratzte Krusten von Blut weg und schließlich streckte sie ihre Zunge aus dem zahnlosen Mund und leckte meine Füße ab. Wir tranken das Bier, und Stunden später lag ich neben ihr und den Kindern auf dem Bett.

Es war Nacht, die Sterne am Himmel funkelten, drüben auf der Müllhalde loderten ein paar Feuer, und aus den Baracken hörte man das Weinen kleiner Kinder und die spitzen Schreie der Frauen, die von ihren Männern gefickt wurden. Ein Zug fuhr vorbei, und Imelda nahm meine Hand und legte sie auf ihren Bauch. Ihre Haut war voller Schorf und Krätze. Hätte sie eine reine Haut und

Zähne im Mund, dann wäre sie sicher eine schöne junge Frau, dachte ich und erinnerte mich daran, dass sie vor ein paar Stunden die Wunden meiner Füße geleckt hatte.

Vor zehn Jahren habe ich im Dreck gelebt. Da war überall Dreck. Und ich war mittendrin in diesem Dreck.

Ich schlief in diesem Dreck, ich arbeitete in diesem Dreck, ich kämpfte in diesem Dreck. Da war stinkender Abfall, Müll und Dreck. Meine ganze Welt war Dreck. Und ich fühlte mich wohl in diesem Dreck. Ich war sogar glücklich.

Ich baute eine Baracke für Imelda und ihre Kinder, ich fand zwei Räder auf der Müllhalde, die sich auf den Fahrradrahmen montieren ließen, und die Kinder lachten vor Glück. Sie radelten zwischen den Baracken herum, und ich lief hinter ihnen her. Die Leute wunderten sich über den merkwürdigen Ausländer in der alten Polizeiuniform, der schon lange nicht mehr nach dem Weg ins Zentrum gefragt hatte.

Mit Imelda und den Kindern ging ich zum Müll, und wir suchten nach brauchbaren Dingen. Imelda fand eine zerrissene Jean, die ihre Größe hatte, und steckte sie in den Sack, den ich auf der Schulter trug und in dem ein paar Sachen waren, die wir brauchen konnten. Sie freute sich über die Hose und tanzte lachend um mich herum. Ich mochte ihr Lachen. Es fiel mir schon lange nicht mehr auf, dass sie keine Zähne im Mund hatte. Und auch die Krätze und der Schorf störten mich nicht. Ich war jetzt selber voller Krätze.

Dann fingen wir zwei Ratten, richtig schöne fette Ratten, und ich drehte ihnen den Hals um und warf sie in den Sack.

Ein Jumbo der *Philippine Airlines* donnerte über uns hinweg, und Imelda fragte mich, was es eigentlich für ein Gefühl wäre, in einem Flugzeug zu sitzen. Es war das Letzte, was ich von ihr hörte: Sie wollte wissen, was für ein Gefühl …

Plötzlich waren drei junge Burschen neben uns, vielleicht 16 oder 17 Jahre alt, sie nahmen uns in die Mitte, und einer von ihnen schlug Imelda mit einer dicken langen Eisenstange auf den Kopf, ohne ein Wort zu sagen. Er schlug mit aller Wucht zu, und ich glaube, sie war sofort tot. Die beiden anderen wollten den Sack an sich reißen, den ich auf der Schulter trug, aber da waren die toten Ratten drinnen, richtig schöne fette Ratten, und ich wehrte mich und begann mit ihnen zu kämpfen. Die Kinder zerrten schreiend an ihrer toten Mutter, und ich hatte plötzlich ein großes Messer im Bauch stecken, ein Messer mit einer breiten Klinge, und ich sackte auf die Knie. Es tat überhaupt nicht weh, es schwächte mich nur. Ich fiel zur Seite und konnte sehen, dass der Bursche mit der Eisenstange jetzt auch die Kinder totschlug, Yin und Yang, zack-zack, er hatte so was sicherlich schon oft gemacht, und die anderen beiden liefen mit dem Sack davon. Der Bursche mit der Eisenstange kam auf mich zu, er grinste mich an und hob die Stange. Er wollte zuschlagen, und plötzlich knallte es. Und dann noch einmal. Ein Polizist schoss auf ihn, traf aber nicht. Der Bursche schnappte sich das Fahrrad der Kinder vom Boden, schnell setzte er sich drauf und fuhr davon.

Der Polizist steckte seine Waffe ein und kam näher, er fluchte, als er sah, dass Imelda und die beiden Kinder tot waren. Es war der Polizist, der für die Barackensiedlung zuständig war und meine Unterhose gegen die Uniform und ein paar Dosen Bier getauscht hatte. Man brachte mich in ein Militärspital und entfernte die Messerklinge aus meinem Bauch. Zum Glück hatte ich das Messer nicht herausgezogen, sonst wäre ich verblutet.

Niemand hatte mit meiner Rückkehr gerechnet. Man hielt mich für tot. Sie feierten meine Rückkehr mit Champagner und wollten wissen, wo ich in der Zwischenzeit gewesen war.

Ich sagte es ihnen: Ich habe im Dreck gelebt. Da war überall Dreck. Und ich war mittendrin in diesem Dreck …

www.wieser-verlag.com